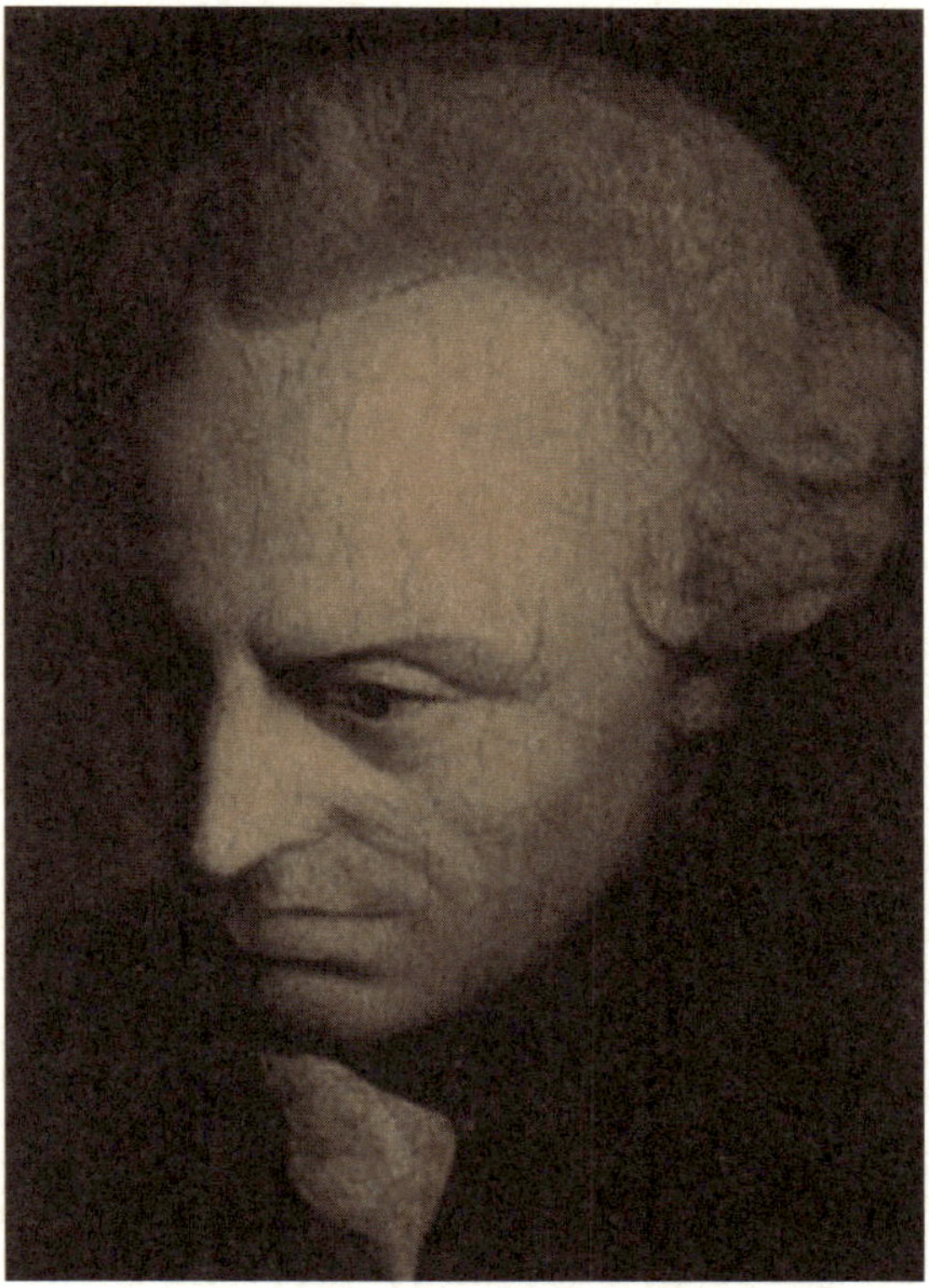

カントの世界論

バウムガルテンとヒュームに対する応答

増山浩人 著

北海道大学出版会

北海道大学は、学術的価値が高く、かつ、独創的な著作物の刊行を促進し、学術研究成果の社会への還元及び学術の国際交流の推進に資するため、ここに「北海道大学刊行助成」による著作物を刊行することとした。

二〇〇九年九月

目次

凡　例

（カントの著作の引用方法）

カントの著作、講義録、レフレクシオーンからの引用は原則としてアカデミー版カント全集から行う。その際、アカデミー版カント全集の巻数をローマ数字で、頁数を算用数字で示す。ただし、『純粋理性批判』からの引用は、J. Timmermann 編集の哲学文庫版（Kant, I., *Kritik der reinen Vernunft*, Timmermann, J. (hrsg.), Felix Meiner Verlag, 1998）に依拠して行い、第一版をA、第二版をBとし、頁数を算用数字で示す。また、表記を簡略化するため、A版とB版の異同を示す必要がある場合を除き、B版の頁数のみを記す。なお、レフレクシオーンの年代に関しては原則的にアカデミー版編者による年代決定にしたがった。

（バウムガルテンの著作の引用方法）

バウムガルテンの『形而上学』からの引用は、Baumgarten, A. G., *Metaphysica* / *Metaphysik*, Historisch-kritische Ausgabe, übersetzt, eingeleitet und herausgegeben von Günter Gawlick und Lothar Kreimendahl, Frommann Holzboog, 2011 から行うが、アカデミー版カント全集一五巻と一七巻に収録されている Baumgarten, A. G., *Metaphysica*, Editio IV, Halle, 1757 も必要に応じて参考にした。なお、引用の際には、『形而上学』をM. と略記し、原文のパラグラフ番号を示す。ex.（M. §. 390）。さらに、参照指示のためにバウムガルテンが原文に挿入したパラグラフ番号には、（　）を添える。バウムガルテンの原文には（　）は挿入されていないが、

Frommann Holzboog 社版では、（　）が挿入されている。おそらく、Frommann Holzboog 社版において原文にはない（　）が挿入されたのは、本文と参照指示をはっきりと区別するためであろう。本書では、Frommann Holzboog 社版にしたがう。また、『形而上学』には、ラテン語の重要タームを補うために、ラテン語の類義語が（　）で補足されている箇所がある。だが、本論の議論に重要である場合を除いて、これらのラテン語は訳出しない。

（ヒュームの著作の引用方法）

ヒュームの『人間本性論』からの引用は、Norton, D. F.; Norton, M. J. (ed.), *A Treatise of Human Nature*, Oxford University Press, 2000 から行う。その際には、THN と略記した上で、巻、部、節、段落番号を示す。『人間知性研究』からの引用は、Beauchamp, T. L. (ed.), *An Enquiry concerning Human Understanding*, Oxford University Press, 1999 から行う。その際には、EHU と略記した上で、章と段落番号を示す。『自然宗教に関する対話』からの引用は、D と略記し、Gaskin, J. C. A. (ed.), *Dialogues and Natural History of Religion*, Oxford University Press, 1993 の頁数を記した上で、福鎌忠恕／斎藤繁雄（訳）『自然宗教に関する対話』、法政大学出版局、一九七五年を邦訳と略記し、頁数を併記する。

（各著作引用の際のイタリック、ゲシュペルト、スモールキャピタル等の扱い）

原則として、原文のイタリック体、ゲシュペルト体は傍点、原文のボールド体はゴシック体、スモールキャピタルは《　》で示す。なお、〔　〕は引用者の補足である。

序論

第一節　本書の目的

一八世紀ドイツの哲学者イマヌエル・カントは、いわゆる批判哲学の創始者として知られている。批判哲学の課題は、人間の理性を自己吟味することで、経験の対象としての現象と我々にとって経験不可能な物自体とをはっきりと区別することであった。彼がこの区別を樹立しようとしたのは、形而上学の可能性を確保しつつ、形而上学における様々な問題に対し新たな回答を与えるためであった。それは、当時の形而上学の学科の一つであった「世界論(cosmologia)」における諸問題に対しても当てはまる。

本書の目的は、カントの批判哲学に基づく世界論と伝統的世界論との間の連続性と断絶を明らかにすることである。そのために、伝統的世界論の中心問題である「世界の統一(die Einheit der Welt)」の問題、つまり世界の無数の構成要素がまとまって一つの全体をなす根拠は何か、という問いに対するカントの取り組みに着目する。「世界の統一」の問題はカント以前の近世哲学者によってもしきりに論じられてきた。実際、マールブランシュの機会原因説やライプニッツの予定調和説はこの問題に対する応答である。また、ヒュームの因果論もこの問題と無関係ではない。確かに、ヒュームはこの問題を論じなかった数少ない近世哲学者の一人である。だが、それはヒュームがこの問題を論じるための前提を解体してしまったからである。

では、「世界の統一」の問題に対してカントはどのように応答したのだろうか。この点は、従来のカント研究ではそれほどしっかりとは論じられてこなかった。それは、カントの世界論の対象は何か、より細かく言えば、カントは彼以前の世界論と同一の問題圏を論じていたのか、という点が十分に問われてこなかったからだと思われる。そこで、まず本書では、「複合体」と「系列」という世界を考察するための二つの観点に着目して、伝統的世界論とカントの世界論が同一の問題圏を論じていたことを明らかにする。この作業によって、カントの世界論の全体像が明らかになるはずである。その上で、カントの批判哲学が「世界の統一」の問題に対して従来とは異なる応答を可能にしたことを明らかにすることが本書の狙いである。

とはいえ、本論に入る前に本書の背景と道具立てを詳しく説明する必要がある。そこで以下では、本書に関連する問題の研究史に触れながら、より詳細に問題の定位を行いたい。まず第二節と第三節では、カント批判哲学の歴史的研究の研究史を概観しつつ、本書がバウムガルテンとヒュームに着目する理由を説明する。次に第四節と第五節では、世界論の対象を確認した上で、本書の狙いを提示する。最後に第六節と第七節では、本書の議論の方法と概観を示す。

第二節　ヴォルフ学派とヒュームの双方に対する応答としてのカント批判哲学

伝統的な哲学史において、カントの批判哲学は「合理論と経験論の総合」の試みであると説明されてきた。もちろん、このような説明の正当性に関しては議論の余地がある。それでも、カントが当時の合理論と経験論の双方に問題を見出していたことは確かである。それゆえ、合理論と経験論の両面からの影響史に着目することでカントの批判哲学の形成過程を説明することは、依然として有効であると思われる。

まず、経験論からの影響に関して。カントに最も大きな影響を与えた経験論者はデイビット・ヒュームであろう。この点は、『プロレゴメナ』において「デイビット・ヒュームの警告」が自らの批判哲学の形成の動因になったことを告白しているという有名な歴史的事実からも裏付けられる。それに加え、『プロレゴメナ』の結語や『実践理性批判』の中間部においても、ヒュームの因果論に関するまとまった批判的考察が行われている。そのため、ヒュームとカントとの影響関係については多くの研究者によって考察されてきた。

他方で、当時の合理論者がカントに与えた影響も無視できない。彼らの中でも特に重要なのは、一八世紀前半のドイツで主流派であった「ヴォルフ学派(die Wolffische Schule)」である。この学派の始祖であるクリスティアン・ヴォルフはドイツ哲学の父とも言える人物である。それは彼がラテン語の哲学用語をもとにドイツ語の哲学用語を案出したことや、存在論、世界論、心理学、自然神学で論じられるべきトピックを体系的に提示したからである。彼自身と彼の支持者達はヴォルフ学派と呼ばれていた。その中には、バウムガルテンやマイヤー、エーベルハルトなどカントが対決を試みた哲学者もいる。また、クルージウスなどの反ヴォルフ主義者さえ、ヴォルフ的な体系構成をほぼ踏襲して自らの著作を著している。その点で、一八世紀ドイツに生きていた哲学者は、何らかの形でヴォルフ学派から影響を受けていたと考えられる。それはカントも例外ではない。

にもかかわらず、ヴォルフ学派がカントに与えた影響はそれほど重要視されてこなかった。それは、彼らの著作が比較的手に取りにくかったことに加え、マックス・ヴントの『啓蒙時代のドイツ学校哲学』を除けば、一八世紀ドイツ哲学史に関する体系的な資料がほとんどなかったためである。(1) しかし、その結果として、ヒュームがカントに与えた影響が過剰に強調され、カント批判哲学の形成史が誤解される一因にもなってきた。

けれども近年、こうした状況は改善されてきている。その原動力となったのが、一九六〇年頃から始まったGeorg Olms社によるヴォルフ全集と当時の一次資料のリプリントの刊行である。近年では、これらの新資料を用いて、ヴォルフ学派とヒュームの両面からの影響に着目してカント批判哲学の形成史を論じたワトキンスや山本の研究もある。(2) 本書でも、カントの世界論をヴォルフ学派とヒュームの双方に対して応答するための理論として位置づけていきたい。

第三節　バウムガルテンの『形而上学』とカントの講義録・メモの重要性

とはいえ、ここで一つの問題が生じる。それは、ヴォルフ学派のカントへの影響関係を考察する際に、数多くのヴォルフ学派の哲学者のうちの誰を考察の中心に置けばいいのかという問題である。本書では、その第一の候補として、美学の創始者とされるアレクサンダー・ゴットリープ・バウムガルテンを重視したい。カントは、彼の『形而上学』を教科書として用いた講義を行っていた。それゆえ、同書に関する講義録とメモが大量に残されているのである。以下では、この資料の特色と重要性について簡単に確認しておこう。

まず、講義録に関して。カントは、私講師就任論文『形而上学的認識の第一原理の新解明』(以下、『新解明』)を提出した一七五五年から一七九六年までの四一年間講義を行っていた。これらの講義は、論理学、形而上学、人間学、数学、物理学などきわめて多岐の分野にわたっていた。講義には、マイヤーやバウムガルテンら当時の講壇哲学者の著作が教科書として用いられていた。けれども、カントは必ずしも教科書に忠実に講義を行ったわけではなく、積極的に自説を展開していた。こうした講義を聴講者が記録したノートがカントの講義録と呼ばれている資料群である。これらの資料群は、アカデミー版カント全集の二四巻以降に収録されており、数千頁にも及んでいる。

次に直筆のメモ群に関して。レフレクシオーンと呼ばれているこれらのメモ群は、「ローゼブレッター」と呼ばれているメモ群とカントの手沢本への書き込みの二種類に大別される。現存する九冊の手沢本のうち、三冊がカント自身の著作、六冊が講義の教科書である。(3) カントは、講義の準備や自らの思考の整理のために、これらの手沢本に書き込みを行っていたと言われている。これらのメモ群は、手沢本の本文とともにアカデミー版一四巻から一九巻までの六巻にわたって収録されている。

これらの手沢本の中でも特に多くの書き込みが行われたのが、一七五七年に出版されたバウムガルテン『形而上学』第四版の手沢本である。この手沢本は、ほぼ二頁毎に間紙が挟まれた状態で製本されている。さらに、カント自身が書き込み用の紙を差し込んだと思われる箇所もある。そのために、元は四三二頁の本が八〇〇頁以上に膨れ上がっている。そして、この手沢本の本文の欄外や行間、さらに空白の間紙にはきわめて多くの書き込みがなされているのである。(4) これらのメモ群は、アカデミー版一五巻に『人間学のためのレフレクシオーン』、アカデミー版一七、一八巻に『形而上学のためのレフレクシオーン』として収録されている。

これらの資料は、ヴォルフ学派の形而上学とカント哲学の争点を特定するための最も重要な手がかりとなる。それは以下の理由による。カントの講義録の章立てと、講義に使用された教科書の章立てはほぼ一対一対応している。また、手沢本の書き込みも、書き込みの位置や内容から、同書のどのパラグラフの議論に対する書き込みかを特定することは難しくない。実際にアカデミー版では、個々のメモが手沢本のどの箇所の議論に対するものなのかがはっきりと書かれている。さて、講義録や書き込みの内容は、多くの場合、対応箇所で論じられているトピックに関するカント自身の見解である。したがって、講義録や手沢本への書き込みは、バウムガルテンの著書に対する批判的注解として扱うことができるのである。その上、講義録やメモは、バウムガルテンの『形而上学』のほぼ全てのトピックに関して残されている。カントは、ヴォルフや他のヴォルフ主義者に対してはこれほど包括的な言及を行っていない。(5)したがって、バウムガルテンを参照軸にすることによって、ヴォルフ学派の形而上学のほぼ全てのトピックに対してカントがどのように応答しているのかを明らかにできるのである。これが本書でバウムガルテンの『形而上学』を重視する理由である。

第四節　世界論の対象

前節までは、バウムガルテンとヒュームの双方からの影響史に着目して、カントの世界論を考察する理由について説明してきた。次に本節では、本書の対象である世界論の特色を確認しよう。

まず、本書で論じる「世界論」は、世界という言葉で指し示す全ての対象をカバーするものではない。通常、世界という言葉は、宇宙の特定の領域、特に地球全体を指す場合や職業や専門分野の領域を指す場合にも使われる。前者の例としては世界地図、後者の例としては教師の世界や医者の世界という表現を挙げることができる。しかし、こうした意味での世界は世界論の対象ではない。むしろ、世界論は、宇宙、万有、あるいは絶対的全体という意味での世界を論じる学なのである。(6)

さらに、本書で論じる世界論はいわゆる宇宙生成論(Kosmogonie)とも区別される。確かに、世界論も宇宙生成論も世界の始まりを問題とする。しかし、両者が世界の始まりを論じる仕方は大きく異なる。宇宙生成論は、世界の発生過程を具体的に記述する。その例としては、一つの混合体をなしていた無数の種子が回転運動によって分離していくことで世界の生成を説明するアナクサゴラスの議論を挙げることができる。これに対し、世界論は、世界の空間的限界や時間的な始まりの有無を問うにすぎない。要するに、世界論は、宇宙生成論と比べると、抽象的な仕方でしか世界の始まりを論じていないのである。それゆえ、『天界の一般自然史』や『神の現存在の唯一可能な証明根拠』といった前批判期のカントの著作における宇宙生成論は、本書の考察対象から除外する。(7)

むしろ、本書で論じる世界論の対象と問題圏は、一八世紀ドイツで盛んに論じられていた「合理的世界論(cosmologia rationalis)」のものとほぼ対応する。(8)「合理的世界論」とは、経験や観察ではなく、概念分析によって、絶対的全体としての世界を論じる学である。(9)この意味での世界論は、存在論、心理学、自然神学とともに、当時の形而上学の一学科とされてきた。

もちろん、カントは「合理的世界論」を批判していた以上、「合理的世界論」は「カントの世界論」とは言えないのではないかという反論があるかもしれない。確かに、『純粋理性批判』の「弁証論」において、カントは、伝統的な特殊形而上学の三学科である「合理的心理学」、「合理的世界論」、「合理的神学」の誤りの暴露を試みている。しかし、それは「合理的世界論」そのものの廃棄を要求するものではない。むしろ、この批判を通して、カントは、「合理的世界論」の対象を適切に扱う仕方を問いなおし、この学科で論じられた諸問題に新たな回答を与えようとしたのである。以上の点は、『純粋理性批判』の「方法論」において、カントが提唱する形而上学の諸学科の中に、「合理的世界論」が数えいれられていることからも裏付けられるだろう(Vgl. B 873ff.)。したがって、カント哲学の体系の中で「合理的世界論」は保持されているのである。

ただし、ヴォルフ学派の「合理的世界論」とカントの新たな「合理的世界論」を区別する必要はあるだろう。

そのために、以下では、ヴォルフ学派の「合理的世界論」そのもの、あるいはその先駆形態となる議論を指し示す場合、伝統的世界論という表現を用いて議論を進める。

第五節　伝統的世界論の世界の考察方法——「複合体」と「系列」という二つの観点

では、伝統的世界論は世界をどのような観点から考察していたのだろうか。彼らは主に世界を二つの観点から考察してきた。一つ目は、「集合(Menge; Aggregat)」、あるいは「複合体(Kompositum)」という観点である。この場合の「集合」、あるいは「複合体」は、個々の部分が一つの全体を形成していることを意味する。これらの部分が全体を形成するためには、個々の部分が相補的でなくてはならない。したがって、この観点から、世界は無数の相補的な諸部分からなる一つの全体として特徴付けられる。その限りで、世界は、緩い意味では、「集合」とも「複合体」とも呼ばれうる。しかし、カントは「集合」という語を、統一原理のない多の寄せ集めという意味で使用していた。それゆえ、仮に世界を「集合」と呼んだ場合、カントがあたかも世界を脈絡のない多の寄せ集めとみなしていたかのような誤解を与えてしまう危険がある。本書では、こうした誤解を防ぐために、上記の意味での世界を、一貫して「複合体」としての世界、あるいは「複合体の全体性」と呼ぶことにする。(10)

二つ目は、「系列(Reihe)」という観点である。通常、「系列」とは、系統立てて並べられた事物のまとまりを意味する。つまり、一つの全体に属する諸部分を順々に並列した場合、これらの部分からなる列を「系列」と呼ぶことができるのである。さて、世界は、以下の二種類の系列として考察することができる。一つ目は、今を起点にして、過去、あるいは未来の時間的な部分へと進んでいく時間的な系列である。二つ目は、ここを起点にして、ここに隣接している空間的な部分へと進んでいく空間的な系列である。本書では、この意味での世界を「系列」としての世界、あるいは「系列の全体性」と呼ぶことにする。伝統的世界論においてこの二つの観点から世界が考察されてきたことは、当時の哲学者の世界の定義からも読み取ることができる。(11)

この二つの観点に対応する形で、伝統的世界論では、以下の二つの問題が論じられてきた。まず、「複合体」としての世界に関する問題としては、いわゆる「世界の統一」の問題が挙げられる。この問題が生じたのは、多くの近世哲学者にとって共通の前提が「複合体」としての世界の成り立ちを説明することを難しくしたからである。その前提とは、世界の部分は実体であるという前提と、実体は他の実体に依存せずに自存するという前提である。これらの前提を踏まえた場合、無数の実体が存在するだけでは、世界が成り立たないことになる。それゆえ、彼らは、互いに依存しない実体が相補的全体を形成するための根拠を提示する必要があったのである。マールブランシュの機会原因説やライプニッツの予定調和説もこの問題を論じるための議論である。また、一八世紀ドイツの哲学者の多くもライプニッツの予定調和説を受容・批判する過程でこの問題を論じてきた。(12)

他方で、「系列」としての世界に関する問題としては、世界の絶対的全体性に関する問題が挙げられる。世界が絶対的全体と呼ばれるのは、世界が他のより大きな全体の部分ではないような全体だからである。だが、世界の絶対的全体性を「系列」として捉えようとした際にはある困難が生じる。というのも、絶対的という形容詞が指示する無際限性という性格と全体という名詞が指示する完結性という性格が衝突するからである。つまり、全体という性格を満たすためには、世界の諸部分からなる系列は、空間・時間の面から見て、完結できなくてはならない。つまり、世界には空間的にも時間的にも始まりと終わりがなくてはならない。これに対し、絶対的という性格を満たすためには、世界の諸部分からなる系列は、空間・時間の面から見て完結してはならない。つまり、そのためには、世界には空間的にも時間的にも始まりと終わりがあってはならないのである。したがって、世界を「系列」として考察した場合、系列を完結したものとみなしても、無際限に続くものとみなしても、矛盾を含むことになるのである。第一章で確認するように、一八世紀ドイツの哲学者の中でも、バウムガルテンとマイヤーはこの問題を論じていた。

以上のように、伝統的世界論は、「複合体」と「系列」という観点から世界を考察し、世界の絶対的全体性に関する問題と「世界の統一」という二つの問題を論じる理論なのである。

第六節　本書の問題設定

とはいえ、カントは伝統的世界論の世界考察の方法を継承していたのだろうか。結論から言えば、彼も、伝統的世界論の支持者と同様、世界を「複合体」と「系列」という二つの観点から考察していた。

まず、「系列」としての世界を論じたカントの代表的な議論としては、『純粋理性批判』のアンチノミー論を挙げることができる。アンチノミー論の主題は、「世界に始まりはあるのか」、「世界を構成する物質の最小で単純な構成要素はあるのか」といった世界の始原の有無に関する問いである。アンチノミー論で、カントは、系列を遡及することでこれらの問いに「はい」か「いいえ」のどちらか一方の回答を与える試みは例外なく挫折することを暴露している。この点で、アンチノミー論はまぎれもなく「系列」としての世界をめぐる問題に新たな回答を提示する理論である。

さらに、批判期のカントが「世界の統一」の問題を論じていたことも『純粋理性批判』の「類推論」の以下の注の記述から裏付けられる。「そこにおいてあらゆる現象が連結されているはずの世界全体の統一が、同時存在するあらゆる諸実体の相互性という密かに想定された原則からの帰結でしかないことは明らかである」(B 265 Anm.)。「類推論」のテーマは、無数の実体が一つの全体をなすための原理としての「実体間の相互性」、つまり実体間の相互作用関係を提示することである。そして、この注から、「類推論」が「世界の統一」の問題に対するカントの回答であることが読み取れる。それゆえ、カントは、やはり「複合体」と「系列」という二つの観点から世界を考察していたと思われる。

にもかかわらず、カントの世界論を論じた研究においては、「系列」として考察された世界が強調されてきた。(13)それは、これらの研究がアンチノミー論に過剰に力点を置いた考察を行っていたことによる。しかし、このことから、カントが伝統的世界論の問題の一部を削ぎ落とし、世界を「系列」としてしか考察しなかったと主張するならば、それはカント理解としては不十分であろう。

確かに、近年、この傾向に反し、ハーマンと山本が「類推論」を「世界の統一」の問題との関連から扱った研究を行っている。彼らは、カントは、ライプニッツとヴォルフ学派の予定調和説とマールブランシュの機会原因説を批判し、物理影響説に依拠して「世界の統一」の問題に応答しようとしていたと説明する。(14)この主張には、筆者も基本的には賛同する。しかし、これらの研究で探求されていない点が三つ残されている。

一つ目は、バウムガルテン『形而上学』の「存在論」、「世界論」部門の包括的研究である。確かに、これまでも、バウムガルテン『形而上学』とカントの比較研究はあった。しかし、これらの研究の多くは、バウムガルテンのテキストを断片的に検討するだけであった。これは前述のハーマンの研究にも当てはまる。これに対し、本書では、バウムガルテンの「世界論」の全体像を提示した上で、これに対するカントのコメントの分析を試みたい。

二つ目は、ヒュームの宗教哲学とカントの世界論との関連を明らかにすることである。カントが批判していたのは、因果関係の起源に関するヒュームの因果論だけではない。むしろ、ヒュームとカントの真の争点は、世界と神との間に適切な因果連関を樹立できるか否か、という世界論と自然神学の双方にかかわる問題に存している。この点は、ハーマンの研究はもちろん、ヴォルフ学派とヒュームの両面からの影響史に着目したワトキンスと山本の研究でも十分に論じられてこなかった。

三つ目は、カントにおける世界概念と自然概念の関係を明らかにすることである。両概念の関係を特定することは、「類推論」を「世界の統一」の問題に対する応答として位置づける際にきわめて重要である。というのも、前述のB 265の注を除き、「分析論」の他の箇所において、世界という語はほとんど使用されていないからである。その代わりに、カントは、多くの箇所で、「類推論」で問題となるのは、「自然の統一」、あるいは「経験の統一」であると述べている。このことは、「類推論」と世界論との関連が見落とされてきた一因であったと思われる。

したがって、「類推論」を「世界の統一」の問題に関する議論として位置づけるためには「類推論」、ひいては「分析論」において、カントが世界という語を使わなかった理由を説明する必要があるのではないだろうか。あるいは、「分析論」における経験や自然という語が、「複合体」としての世界と関連を持つことを示さなくてはならないのではないだろうか。もしそうでなければ、「類推論」で扱っているのは、経験や自然に関する問題であって、世界の問題ではないという反論を完全に回避することはできないだろう。(15)

以上の点を踏まえ、本書では、バウムガルテンとヒュームの双方の哲学とカント哲学との比較を通して、カントの「世界の統一」の問題に対する応答の独自性を明らかにする。このことから、カントの世界論と伝統的世界論の連続性と断絶を明らかにすることが本書の目的である。

第七節　本書の方法と概要

最後に、本書の方法と概要を提示しよう。本書の議論は二つの段階に大別される。つまり、伝統的世界論とカントの世界論の連続性を示す第一段階と両者の断絶を示す第二段階である。

第一段階は第一章から第三章の議論である。まず、伝統的世界論の基本的性格を示すために、バウムガルテン『形而上学』の「存在論」、「世界論」部門の概要を提示する（第一章）。ただし、バウムガルテンの記述はあまりにも簡潔であるため、同書の解説書であるマイヤーの四巻本『形而上学』を適宜参照する。その上で、バウムガルテン『形而上学』の「存在論」、「世界論」部門に対するカントの講義録とレフレクシオーンを比較検討する（第二章、第三章）。この作業によって、バウムガルテンと同様、カントも一貫して世界を「複合体」と「系列」という二つの観点から考察していたいくつかの新たな証拠が示されるはずである。

第二段階は第四章から第六章の議論である。これらの章では、第三章までの成果を踏まえ、伝統的世界論と批判哲学に依拠したカントの世界論との比較検討を行う。具体的に行うのは以下の二つの作業である。最初に、『純粋理性批判』の「類推論」とヴォルフ学派の「充足根拠律」に関する議論、およびモナド論との比較検討を行う（第四章、第五章）。この作業を通じて、カントの批判哲学は、現象と実体概念を変容させることで、ヴォルフ学派のモナド論とは異なる方法で世界の成り立ちを説明する理論であることを示す。さらに、ヒュームの宗教哲学に対するカントの応答方法を考察することで、批判哲学に基づく世界論が、カントがヒュームと対決する際にも重要な役割を果たしていることを示す（第六章）。

なお、本書の議論の概要は以下の通りである。

第一章では、バウムガルテンのモナド論と「無限への進行(progressus in infinitum)」に関する議論を取り上げる。彼の『形而上学』の「存在論」部門では、「存在者一般」の特性が示された上で、「存在者一般」が様々なタイプの存在者へと区分されていく。『形而上学』では、こうした区分作業を通じて、モナドとその諸属性が導出される。これは、ライプニッツのモナド論には見られない特色である。そこでまず、バウムガルテンがモナドの概念を導出するプロセスを概観する。次に、「世界の統一」の問題を論じるために、バウムガルテンが導入した二つの理論の特色を確認する。一つ目の理論は予定調和説である。この理論によって、諸モナドが、互いから独立しているにもかかわらず、一つの世界をなす根拠が示される。二つ目の理論は、実体としてのモナドと現象としての物体との峻別である。この理論によれば、諸物体の作用関係はモナド間の交渉関係とは異なるレベルに位置づけられる。それによって、諸物体が互いに作用しあうという日常的な経験とモナドの自存性を両立させることが可能になるのである。最後に、バウムガルテンがいわゆる世界における無限背進の可能性を否定していたことを明らかにする。以上のことから、バウムガルテンの世界論において、世界が「複合体」と「系列」という二つの観点から考察されていることを明らかにする。

第二章では、カントが「世界の質料」、「世界の形式」、「世界の包括性」＝「世界の全体性」という三つの観点から世界を論じていたことを確認する。確かに、公刊著作においてこの三分法が登場するのは、一七七〇年の『就職論文』においてのみである。しかし、前批判期のレフレクシオーンにもこの三分法が見出される。また、講義録に関して言えば、前批判期だけでなく、批判期のものにおいても、この三分法が見出される。この三つの観点のうち、「世界の質料」と「世界の形式」が「複合体」としての世界を考察するために用いられ、「世界の包括性」が「系列」としての世界を考察するために用いられている。このことから、カントが一貫して「複合体」、と「系列」という二つの観点から世界を論じる道具立てを持っていたことが示される。

第三章では、カントの自然概念の哲学史的源泉を検討する。まず、バウムガルテンが二つの自然概念を用いていたことを確認する。一つ目の自然概念は、個別の存在者の自然である「存在者の自然(natura entis)」、二つ目の自然概念は、全ての諸物の自然の総体である「全自然(natura universa)」である。さらに、バウムガルテンのテキストやカントのレフレクシオーンと講義録の分析を通じて、以下の二点を明らかにする。一つ目は、カントの「形容詞的自然」と「名詞的自然」が、バウムガルテンの「存在者の自然」と「全自然」との区別とほぼ対応することである。二つ目は、カントが「名詞的自然」を「複合体」としての世界とほぼ同義で使用していたことである。以上のことから、カントが「複合体」としての世界を自然と呼ぶことがあったことを明らかにする。

第四章では、『純粋理性批判』の「第二類推論」が、ヴォルフ学派の「充足根拠律」の証明に応答するための議論であることを明らかにする。ヴォルフ学派は、根拠の概念と原因の概念との区別を曖昧にしたまま、矛盾律を用いて、「充足根拠律」の普遍妥当性を証明しようとした。こうした証明をカントは「充足根拠律」の「独断論的証明」と呼び、批判を向け続けてきた。それは、あらゆる存在者が原因を持つとすれば、神が「無制約者」ではなくなってしまうからである。この問題を回避するために、カントは、「あらゆる命題は根拠を持つ」という命題の「充足根拠律」と「あらゆる物は根拠を持つ」という物の「充足根拠律」を峻別した。その上で、後者の妥当範囲が経験の領域に制限されることを矛盾律以外の方法で証明しようとしたのである。この点を踏まえた場合、「第二類推論」は、ヒュームだけではなく、ヴォルフ学派に対する応答としても読むことができる。それと同時に、「第二類推論」をヒュームに対する応答として位置づける従来の解釈の問題点を指摘する。

第五章では、『純粋理性批判』の「第三類推論」をバウムガルテンのモナド論と対決するための理論として位置づける。「第三類推論」では、複数の実体間に実在的な影響関係があることが、複数の実体の同時存在を認識するために不可欠な条件であることが証明される。「世界の統一」の問題との関連から見た場合、この証明には、二つの独自性がある。一つ目は、この証明における実体概念が、空間・時間内に存在する実体、つまり「現象的実体(substantia phaenomenon)」であることである。これは、バウムガルテンとは異なる立場である。というのも、現象＝物体と実体＝モナドを峻別する彼の立場からすれば、実体が空間・時間に存在することはありえないし、そもそも「現象的実体」という表現が形容矛盾だからである。二つ目は、実体間の相互関係の可能性が、神ではなく、統覚の統一作用によって説明されることである。これは、バウムガルテンとも前批判期のカントとも異なる立場である。以上の点で、「第三類推論」は、ヴォルフ学派とも、前批判期のカントとも異なる仕方で、「世界の統一」の問題を論じる議論だと言うことができる。

第六章では、カントがヒュームの『自然宗教に関する対話』の「デザイン論証」批判に応答を試みていたことを明らかにする。ヒュームは、「デザイン論証」で使用される世界の合目的性から神へと向かう因果推論の不当性を批判した。この批判に対し、カントは、以下の二つの方法で応答した。一つ目は、ヒュームとは異なるタイプの因果論を導入することで、世界と神との因果関係を適切に設定する方法を確保することである。二つ目は、世界の合目的性を自然探求の発見的原理としてのみ許容することである。世界の合目的性の統制的性格を定式化するためにカントが使用したのが、「あたかも、世界が神の知恵と意志によって創造されたかのようにみなさざるをえない」というAls-Obによる表現方法である。同時に本章では、Als-Obの方法とその前提となるカントの因果論と理念論が、世界の第一原因の有無をめぐる「無限への進行」の問題を論じるためにも使われていたことを明らかにする。

(1) Wundt, M., *Die deutsche Schulphilosophie im Zeitalter der Aufklärung*, Mohr, 1945, reprinted, Georg Olms, 1964.

（2） Watkins, E., *Kant and the Metaphysics of Causality*, Cambridge University Press, 2005; 山本道雄『改訂増補版 カントとその時代――ドイツ啓蒙思想の一潮流――』、晃洋書房、二〇一〇年。これらの研究については、本論で適宜参照する。

（3） 現在残っている手沢本は以下の通りである。まず、カント自身の著作としては、『美と崇高の感情に関する考察』（一七六四）、『純粋理性批判』（第一版 一七八一）、『実践理性批判』（一七八八）の三冊が挙げられる。次に、当時の哲学者の著作としては、マイヤーの『論理学綱要』（一七五二）、バウムガルテンの『形而上学』（第四版 一七五七）と『第一実践哲学入門』（一七六〇）、アッヘンヴァルの『自然法』（一七六三）、エーベルハルトの『自然神学のための準備』（一七八一）、リヒテンベルクの『雑文集二巻』（一八〇一）が挙げられる。正確な書誌情報は、アカデミー版カント全集一四巻のXX頁を参照のこと。

（4） この手沢本は、現在はエストニアのタルトゥ大学に所蔵されており、同大学のホームページでも公開されている。URIはhttp://hdl.handle.net/10062/32369である。

（5） 確かに、一七九〇年の『純粋理性批判の無用論』はヴォルフ学派に対して比較的広範に言及されている資料かもしれない。同書で、カントはヴォルフ学派に属するエーベルハルトの議論に対してかなりまとまった量の批判を行っている。そこで扱われているトピックは、「充足根拠律」の証明や単純なものに関する議論、空間・時間論などかなり広範にわたっている。それでも、扱っているトピックの範囲に関して言えば、バウムガルテンに関する講義録やメモの方が勝っている。なお、エーベルハルトの「充足根拠律」の証明に対するカントの批判は本書第四章で詳しく論じる。

（6） そのため、通常、cosmologia あるいは Kosmologie という言葉は「宇宙論」と訳される。しかし、一八世紀ドイツの多くの哲学者は、ラテン語 cosmologia の cosmos に Welt という訳語を当てていた。しかも、彼らは、Welt という言葉が宇宙以外にも多くの意味を含むことを理解した上で、この訳語を選択していたのである。実際、cosmologia の対象を論じる際に、マイヤーやカントは、通俗的な意味での Welt（ex. 地球）と絶対的な意味での Welt＝宇宙とを区別した上で、前者を排除するという手続きを取っている。この点については、第一章と第二章で詳しく論じる。それゆえ、Welt が持っている多義性を保存するために、本書では、Welt を「世界」、cosmologia あるいは Kosmologie を一貫して「世界論」と翻訳する。ただし、ラテン語 universum は「宇宙」と訳出する。

（7） なお、「カントの世界論」というタイトルで、『天界の一般自然史』の宇宙生成論を扱っている論文としては、Banham, G., Kantian Cosmology: The Very Idea, *Kant studies online*, 2011, pp. 1-26 が挙げられる。この論文では、『天界の一般自然史』の議論が『純粋理性批判』の「弁証論」の議論にも形を変えながら残存しているという興味深い主張がなされている。

ただし、彼のように、『天界の一般自然史』の議論を世界論と呼ぶことは、世界論の主題と宇宙生成論の主題との混同を招く危険があると思われる。

(8) この意味でのカントの世界論を論じた研究としては、Watkins, E., Kant on Rational Cosmology, in: Watkins, E. (ed.), *Kant and the Sciences*, Oxford University Press, 2001, pp. 70-89 がある。同論文の主要な対象は、『純粋理性批判』で提示されている「世界において間隙もなく、飛躍もなく、偶然もなく、運命もない」(B 282)という四つの命題である。同論文七二頁では、これらの命題のうち、「世界に間隙はない(in mundo non datur hiatus)」という命題はカント独自のものであるのに対し、残りの三つの命題はバウムガルテン『形而上学』の「世界論」部門に由来することが指摘されている。

(9) バウムガルテンは、『形而上学』の三五一項で、「一般世界論(cosmologia generalis)」を経験に基づく「経験的世界論(cosmologia empirica)」と概念に基づく「合理的世界論(cosmologia rationalis)」とに区分している(M. §. 351)。また、マイヤーも、「経験的世界論(die empirische Cosmologie)」と「合理的世界論(die vernünftige Cosmologie)」を区別しつつ、「しかし、合理的世界論は、世界についての自らの考察を、世界の概念から判明な仕方で導出する学である」と述べている。Vgl. Meier, G. F., *Metaphysik*, Zweyter Theil, Halle, ^{2}1765, in: Christian Wolff, Gesammelte Werke, 3. Abt. Bd. 108. 2, Georg Olms, 2007, §. 284. S. 9.

(10) ただし、カント以外の哲学者は本文で触れた意味での世界を「集合」と呼ぶことがあったのも確かである。この点については、注11を参照のこと。

(11) まず、ヴォルフは『ドイツ語形而上学』において、「互いに隣り合い、継起しあいながらも、総じて互いに連結されている可変的諸物からなる一つの系列である」と述べ、世界を定義している。Wolff, C., *Vernünfftige Gedancken von Gott, der Welt und der Seele des Menschen, auch allen Dingen überhaupt*, Halle, ^{11}1751, in: Christian Wolff, Gesammelte Werke, 1. Abt. Bd. 2. 2, Georg Olms, 2009, §. 544. S. 332. さらに、バウムガルテンは、「《世界》(宇宙、万有)は有限な現実的なものどもの系列(集合、全体)であって、この系列は他の系列の部分ではない」(M. §. 354)と世界を定義している。この二者の定義には、本文で触れた意味での「複合体」と「系列」という二つの観点がはっきりと見て取れる。さらに、ライプニッツの『弁神論』における「私は、現存する全ての諸物からなる系列全体と集合全体を世界と呼ぶ」という定義においても、この二つの観点ははっきりと認められる。Leibniz, G. W., *Die philosophischen Schriften von Gottfried Wilhelm Leibniz*, herausgegeben von C. I. Gerhardt, Bd. 6, Weidmannsche Buchhandlung, 1885, S. 107. なお、一八世紀ドイツの哲学者における世界の定義を詳細に論じた研究としては、Kim, C. W., *Der Begriff der Welt bei Wolff, Baumgarten, Crusius und Kant. Eine Untersuchung zur Vorgeschichte von Kants Weltbegriff von 1770*, Peter Lang, 2004を挙げることができる。この研究では、ヴォルフ、バウムガルテン、クルージウスの世界の定義の分析を通して、カントの『就職論文』の世界の定義の哲学史的背景とその独自性が明らかにされている。

(12)　ヴォルフ以降、当時のドイツの哲学者は、実体間の相互性の原理を説明する学説として、予定調和説ではなく、物理影響説を支持するようになる。この点を指摘している研究としては、カスラの研究が挙げられる。彼は一八世紀ドイツにおける予定調和説の受容を以下の五段階に区分している。第一期（一七二〇－一七二四）＝ヴォルフの信奉者（Bilfinger, Thümmig）による心身問題の説明原理としての予定調和説の弁護、第二期（一七二四－一七二六）＝ヴォルフを弾劾するピエティスト（Lange, Budde）による予定調和説に対する攻撃、第三期（一七二六－一七三二）＝折衷主義者（Rüdiger, Ploucquet）による物理影響説の弁護、第四期（一七三二－一七三五）＝著名なヴォルフ主義者（Reusch, Knutzen）による物理影響説の擁護、第五期（一七三五－一七六〇）＝ヴォルフの『合理的心理学』（一七三四）の出版以後の多様な論争、特に、バウムガルテンとマイヤーによるライプニッツへの回帰。Casula, M., Die Lehre von der prästabilierten Harmonie in ihrer Entwicklung von Leibniz bis A. G. Baumgarten, in: *Akten des II. Internationalen Leibniz-Kongresses, Hannover, 17-22. Juli, 1972*, Steiner Verlag, 1975, Bd. 3, S. 399f.　この区分からは、当時のドイツにおいて、徐々に物理影響説の支持者が増えていったことが読み取れる。ただし、カスラの研究の狙いは、第五期に属するバウムガルテンが、ヴォルフの数学的な著述方法を使って、ライプニッツの予定調和説を復興させた哲学者であることを示す点にある。そのために、同論文では、ライプニッツ、ヴォルフ、バウムガルテンの三者の哲学が比較検討されている。

　さらに、山本も、この点について、「これに対して当時のドイツ学校哲学界においては、ライプニッツの予定調和説が一定の影響力を確保していたが、カントも含めてヴォルフ以降の若い世代や反ヴォルフ学派であるピエティストにあっては、物理影響説が支持されていた。そして、バウムガルテンやマイヤーによる一時的な揺り戻しはあったものの、やがてドイツ学校哲学界では予定調和説は物理影響説に席を譲っていく」と述べている。山本、前掲書、二三五頁。

(13)　その代表格としては、マルツコルンの研究が挙げられる。彼の立場は以下のように整理できる。まず、彼は「合理的世界論」の対象が「様々な観点から互いに連関しあっている空間的、あるいは／かつ時間的諸物からなる絶対的全体」であると主張する。その上で、彼はカントの「合理的世界論」批判の骨子を以下のように説明している。確かに、「合理的世界論」の対象である絶対的全体という概念は理性的存在者にとっては必然的な課題でしかない。しかし、「合理的世界論」の支持者は、超越論的実在論を支持し、この絶対的全体を実在する対象とみなした。だが、対象とみなされた絶対的全体をアプリオリに認識し規定しようとする試みは、互いに矛盾しあう命題が証明されてしまうということで頓挫してしまう。それゆえ、「合理的世界論」は間違った方法に基づく理論だということになる。Vgl. Malzkorn, W., *Kants Kosmologie-Kritik. Eine formale Analyse der Antinomienlehre*, de Gruyter, 1999, S. 1-3. 以上の点を踏まえ、同書三頁で、彼は、「したがって、合理的世界論の主要諸概念、世界論的理性概念は、カントによれば、空虚な諸概念である。この成果にこそカントの世界論-批判の核心が存していると言ってよいだろう」と主張している。

以上のように、彼の研究の焦点は、「系列」としての世界を実体化することで生じる矛盾を曝露したカントの理論を分析することにある。そのために、同書の第一章では、カテゴリーと理念の形而上学的演繹の解説、第二章では、論理記号を用いたアンチノミー論の構造分析、第三章では、カントの「合理的世界論」批判の成否の吟味が行われている。

(14) Hahmann, A., *Kritische Metaphysik der Substanz: Kant im Widerspruch zu Leibniz*, de Gruyter, 2009と山本、前掲書、を参照。

(15) 以上の問題に着目している研究としてはWohlers, C., *Kants Theorie der Einheit der Welt. Eine Studie zum Verhältnis von Anschauungsformen, Kausalität und Teleologie bei Kant*, Königshausen & Neumann, 2000が挙げられる。同書二〇頁で、彼は「自然は悟性が打ち立てる存在論的統一である。これに対し、世界はそれ以上のもの、つまり理性による存在論的統一である。理性が目的の諸表象にしたがって働く能力ならば、世界は目的論的観点にしたがった自然の統一に他ならない」と主張している。少なくともこの記述からは、彼が自然と世界の区別を「分析論」での悟性統一と「弁証論」での理性統一の区別に対応づけていることがわかる。ただし、同書一七八頁では、彼は「自然は悟性の諸原則の普遍的統一を超え出ている自然諸法則の普遍的統一である」という説明をしている箇所もあり、自然と世界の相違に関する彼の説明は必ずしも首尾一貫したものではないように思われる。これに対し、本書の第三章では、純粋悟性の原則によって統一された諸現象の総体も世界と呼んで差し支えないことを明らかにする。

なお、カントの世界論を『就職論文』および『純粋理性批判』の「類推論」とアンチノミー論、『判断力批判』の目的論との関連から論じている点で、ヴォーラースの研究の対象は本書の対象とかなり近い。ただし、ヴォーラースの研究はカントのテキストそのものの分析に力点を置いている。これに対し、本書の特色は、テキストの分析に加え、源泉史的な手法によってカントのテキストで論じられている諸問題の哲学史的な源泉を明らかにした点にある。

第一章　バウムガルテンの世界論

はじめに

本章の目的は、バウムガルテンの世界論を概観することである。アカデミー版カント全集には、バウムガルテンの『形而上学』に関するメモや講義録が多数収録されている。これらの資料では、バウムガルテンの用語法や体系構成に準拠して、世界が論じられている。こうした議論の進め方は、三批判書をはじめとする公刊著作では見られないものである。そこで本章では、バウムガルテンの世界論の用語法と枠組みを示すことで、伝統的世界論とカントの世界論を比較するための基礎を提示したい。

議論は以下の順序で進められる。まず、第一節では、バウムガルテンの『形而上学』の特色と体系構成を概観する。第二節では、以下の二点を示す。一点目は、世界論の対象が世界全体と世界の部分の二つであることである。二点目は、存在論がこれらの二つの対象を考察するための基礎を与えていることである。続いて第三節では、『形而上学』の「存在論」部門において、バウムガルテンが世界を構成する部分であるモナドの属性を導出するプロセスを概観する。第四節と第五節では、バウムガルテンが、モナドの表象力に関する学説と予定調和説をライプニッツから継承していたことを明らかにする。第六節では、バウムガルテンの物体論が現象＝物体と実体＝モナドを峻別するライプニッツ的な二元論を基礎にした議論であることを示す。最後に第七節では、バウムガルテンの「無限への進行」に対する批判を概観する。

第一節　バウムガルテンの『形而上学』の特色と体系構成

まず、『形而上学』の特色を確認しよう。第一の特色は、同書が一行から二〇行程度のパラグラフ(§)一〇〇〇個から成り立っていることである。原則的に、これらのパラグラフは、先行するパラグラフが後続するパラグラフの議論の前提を含むような仕方で、配列されている。さらに、各パラグラフには、他のパラグラフへの参照指示が適宜挿入されている。この参照指示をたどることによって、読者は各パラグラフ間の階層関係を容易に確認することができる。つまり、同書は、いわゆるハイパーテキスト構造を用いて執筆された著作だと言えよう。第二の特色は、主要なラテン語の哲学用語に、バウムガルテン自身によるドイツ語訳が付されていることである。それゆえ、読者は、ラテン語の哲学用語が当時どのようなドイツ語に翻訳されていたのかを容易に確認できる。

以上二つの特色は、いずれもヴォルフの学問的な取り組みを踏襲したものである。第一の特色は、ヴォルフの哲学著作の執筆方法と重なっている。ヴォルフは一七二六年に自らのドイツ語での著作活動を総括した『ドイツ語で哲学の様々な部門について出版した自分自身の著作に関する詳細な報告』(以下、『詳説』)を著している。『詳説』の二二項において、ヴォルフは、自らの著作の執筆方法の特色として以下の三点を挙げている。1．定義されていない概念や一義的でない概念を使用しない、2．証明されていない命題を許容しない。ゆえに、こうした命題を推論における公準として使用しない、3．定義された概念と証明された命題間相互の従属関係を示す。(1) この方法をヴォルフは「数学的教授法(die mathematische Lehr-Art)(2)」と呼び、哲学関連の著作もこの方法で執筆したと述べている。その一例としては、最高原理である矛盾律から出発して、存在者の定義や充足根拠律の証明を行う『ドイツ語形而上学』の手法を挙げることができる。その際、バウムガルテンと同様に、ヴォルフもハイパーテキスト構造を用いて議論を進めている。以上の点から、バウムガルテンの『形而上学』は、数学を範としたヴォルフの学問的方法を踏襲した著作だと言えるだろう。

第二の特色に関しても、ヴォルフの影響が見て取れる。というのも、バウムガルテンが用いたドイツ語の哲学用語の多くは、ヴォルフの導入したドイツ語の哲学用語を踏襲したものだからである。一八世紀初頭、ドイツ語の学術用語はまだ整備が進んでいなかった。この点は、一七一七年に公刊された『ドイツ語の鍛錬と改良に関する私見』において、ライプニッツがドイツ語の抽象語彙の不足を指摘していることからもうかがい知ることができる。(3) こうした状況の中で、ヴォルフは、『ドイツ語論理学』(一七一三)の執筆以後、多数のドイツ語著作を著し、ドイツ語の哲学用語の拡充を図ったのである。その際、ヴォルフは、以下の三つの原則を掲げていたことを『詳説』の一七項で告白している。1．みだりに新語を作らず、先駆者の優れた用例を採用すること、2．いわゆる音写や不自然な逐語訳を行わないこと、3．ドイツ語本来の用法を生かすこと。(4) こうした原則にしたがって導入された用語は、ヴォルフの「人工語(Kunstwörter)」と呼ばれている。(5) そして、バウムガルテンは、Ontologia→Grund-Wissenschaft をはじめ、多くのヴォルフの「人工語」を採用している。また、彼は、ラテン語の用語にヴォルフとは異なるドイツ語を割り当てる場合でも、ラテン語の逐語訳を行うことはなかった。以上のことから、バウムガルテンは、ヴォルフの「人工語」、およびこれらの「人工語」を導入する際の原則を踏襲していたと考えられる。

次に、『形而上学』の体系構成を確認しよう。同書は、「存在論」、「世界論」、「心理学」、「自然神学」の四部門からなる。この配列も前述の学問的方法に基づいている。というのも、「存在論」部門の議論は残る三部門の前提であり、「世界論」部門の議論は後半二部門の前提だからである。各部門の連関を、バウムガルテンは、「存在論」部門以外の三部門の冒頭で逐一確認している。例えば、「世界論」部門の冒頭部には、「世界論は心理学、諸神学、自然学、目的論、実践哲学の第一諸原理を含むので、世界論が形而上学(§. 1)に属するのは(§. 2)当然である」(M. §. 352)という記述がある。この文章では、自然神学と啓示神学の双方を示すために、「諸神学(theologiae)」という複数形が用いられている。このことから、「世界論」部門の議論は、「心理学」部門と「自然神学」部門の前提を含んでいることがわかる。さらに、「心理学」部門の冒頭部には、「心理学は、諸神学、美学、論理学、実践的諸学の第一諸原理を含むので、心理学が形而上学(§. 1)に属するのは(§. 2)当然である(§. 501)」(M. §. 502)という記述が、「自然神学」部門の冒頭には、「自然神学は、実践哲学、目的論、啓示神学の第一諸原理を含む」(M. §. 801)という記述がある。つまり、「心理学」部門は、自然神学と啓示神学の双方とその他の諸学の前提を含んでおり、「自然神学」部門は、啓示神学などの他の諸学の前提を含んでいるのである。このように、「存在論」→「世界論」→「心理学」→「自然神学」という同書の章立てには、形而上学の部門間の序列関係が直接反映されているのである。

本書が特に注目したいのは、存在論と世界論との間の序列関係である。バウムガルテンによれば、存在論とは「存在者のより一般的な諸述語に関する学」(M. §. 4)である。つまり、存在論の目的はあらゆる存在者に共通の述語を提示することである。さて、後に示すように、世界も精神も神も存在者の要件を満たしている。それゆえ、存在論で論じられる述語群は、物体を形容する場合にも、精神を形容する場合にも、神を形容する場合にも使用することができる。存在論が世界論、心理学、自然神学に先行するのは、そのためである。以下では、存在論の議論がどのような仕方で世界論の議論を基礎付けているのかを確認していこう。

しかし、バウムガルテンの『形而上学』の記述は簡潔であり、時に舌足らずな時さえある。そこで以下では、同書の議論を補足するために、バウムガルテンの弟子マイヤーの四巻本『形而上学』を適宜参照する。この四巻本は、マイヤーが、バウムガルテンの『形而上学』を教科書として使用した自らの講義をもとにして書き下ろしたものである。それゆえ、同書は、講義者の直筆であるという点を除けば、カントの講義録と近い性格を持っている。しかも、バウムガルテンをだしにして自説を開陳していたカントとは異なり、マイヤーは、バウムガルテンの教説を忠実に説明しているのである。この点で、この四巻本はバウムガルテンの『形而上学』の正当な注釈書と位置づけることができる。

確かに、マイヤーは、同書の序文で「自分は単なる筆記者でも翻訳者でもない[6]」と宣言している。それは、彼があまり重要でないと判断した主題を省略する一方で、重要な主題については読者に理解可能な説明を行うという方針を採っているためである[7]。ただ、幸運なことに、本章で扱う主題については、致命的な省略はほとんど見られず、むしろ有益な補足説明が多く行われている。こうしたマイヤーの補足説明は、以下の考察において大きな助けとなるはずである。

第二節　世界論の二つの主題――複合的存在者としての世界と実体としての世界の部分

本節では、世界論と存在論との関係を明らかにする。そのために、世界論の議論の進め方を概観し、その特色を明らかにする。まず、「世界論」部門の議論は、世界を以下のように定義することから始まる。

《世界》(cf. §. 91, 403, 434、宇宙、万有)は有限な現実的なものどもの系列(集合、全体)であって、この系列は他の系列の部分ではない。(8) (M. §. 354)

この定義からは、世界が二つの特色を持つ概念であることが読み取れる。一つ目の特色は、世界が無数の有限な諸物から構成されていることである。上記の定義での「有限な現実的なものどもの系列」という表現からもわかるように、神は世界の構成要員ではありえない。世界は、あくまでも神を除く被造物の系列、集合なのである。

二つ目の特色は、世界を構成する系列が、「他の系列の部分ではない」ことである。バウムガルテンがこの特色を導入したのは、通俗的な意味でのWeltを、世界論の対象としてのWeltからはっきりと区別するためだと考えられる。Weltという言葉は、地球全体や地球の限られた部分を指示する場合にも使われることがある。その例としては、地球全体を表現した地図を世界地図(die Weltkarte)と呼ぶ場合や、大航海時代のアメリカ大陸を新世界(die neue Welt)と呼ぶ場合が挙げられる。そして、一つ目の特色は、こうした通俗的な意味でのWeltにも該当する。というのも、アメリカ大陸も地球全体も多くの被造物からなる系列や集合とみなすことができるからである。これに対し、二つ目の特色は通俗的な意味でのWeltには該当しない。というのも、アメリカ大陸は、地球全体というより大きな系列の部分であり、地球全体も太陽系や銀河系といったより大きな系列の部分だからである。つまり、二つ目の特色に該当するのは、上記の定義で「宇宙」や「万有」と言い換えられているWeltだけなのである。この点について、マイヤーは以下のような解説を行っている。

そして最後に、我々は世界を他の系列のいかなる部分でもないそのような有限な諸物の系列として表象しなければならない、つまり有限な諸物のある種の集合を自らの内に含んでいるが、それ自身部分として有限な諸物からなる他の総体の内に含まれていないような総体として表象しなくてはならない。仮に我々が世界一般を有限な現実的な諸物の系列として表象しようとし、すぐ後に我々がこれらの諸物は互いに連結されていると付け加えようとしているとしよう。その場合、どの町も、どの蜂の巣箱も、どの砂粒も当然世界と呼ばれうることになるだろうし、我々は終わりのない言葉に関する闘争のための機縁を与えてしまうことになるだろう。したがって、地球は世界と呼ばれえない。なぜなら、地球は、自らの内に含まれるあらゆるものとともに、地球そのものよりも大きな有限的な諸物の系列の一部だからである。(9)

上記の文章では、世界を構成する系列を「他の系列の部分ではない」と特徴付けなかった場合に生じる不合理が指摘されている。その不合理とは、その場合、町や地球といった通俗的な意味での Welt も世界論の対象である余地を残してしまうことである。こうした解説からも、世界の概念の二つ目の特色は、世界論の対象としての Welt と通俗的な意味での Welt を区別するために導入されたことが裏付けられるだろう。

以上の定義に続いて、世界の個々の構成部分が互いに連結しあっていることが確認される。この点について、『形而上学』の三五七項では、「どの世界においても現実的な諸部分があり(§. 354, 155)、これらの個々の諸部分は全体と連結されている(§. 14, 157)、したがって個々の諸部分は互いに連結しあっている(§. 33)。それゆえ、どの世界においても諸部分の普遍的連関と普遍的調和がある(§. 48)、つまり世界にはいかなる孤島もない」(M. §. 357)という記述がある。それに続いて、同書の三五八項では、こうした連関関係の具体例として、「作用連関(nexus effectivus)」、「有用性連関(nexus utilitatis)」、「使用性連関(nexus usuum)」、「目的連関(nexus finalis)」、「質料的・形相的連関(nexus subiectivus et formalis)」、「範型連関(nexus exemplaris)」、「記号連関(nexus significativus)」の七つが挙げられている(Cf. M. §. 358)。「有用性連関」とは、有用なものと、有用なものによって効用を得るものとの間の関係、「使用性連関」とは、使用者と道具との関係のことである。また、「質料的・形相的連関」とは、質料因と形相因とこの二つの原因によって実現されるものとの間の関係のことである。さらに、「範型連関」とは、範型と模倣の関係であり、「記号連関」とは、記号と記号によって指示される対象との関係のことである。バウムガルテンが世界の諸物の連関を問題にする際には、この七種類の連関全てが念頭に置かれている。それゆえ、仮に世界の諸部分の連結をいわゆる作用連関と目的連関だけで説明しようとすれば、それはバウムガルテンの真意に反することになるだろう。

　以上のことから、世界論には三つの主題があると推察される。一つ目は世界全体であり、二つ目は世界を構成する個々の部分であり、三つ目は、これらの部分の連結の仕方である。この点は、「世界論は、世界の1)概念、2)諸部分、3)完全性を教える」(M. §. 353)という『形而上学』三五三項の記述からも裏付けられると思われる。まず、1)と2)から、世界論が世界全体と世界の部分の双方を主題とすることがわかる。また、バウムガルテンは、完全性を以下のように定義している。「多が同時にまとめられて一の十分な根拠をなす場合、これらの多は《一致している》。この一致そのものが《完全性》である」(M. §. 94)。つまり、彼にとって、完全性とは多くのものが一つの目的のために一致しあっていることを意味する。この点を考慮した場合、世界の完全性を論じることは、世界の個々の部分が、一つの世界をなすという目的のために、どのように他の部分と連結しているのかを模索することに他ならない。それゆえ、上記の3)から、世界論が世界の部分の連結の仕方を対象としていると考えられる。

　では、こうした世界論の議論は、どのような仕方で存在論によって根拠付けられているのだろうか。それは、世界全体と世界の諸部分の双方が、存在論の対象である存在者と重ね合わせられているからである。まず、『形而上学』三五九項では、世界全体について以下のように言われている。

どの世界も存在者なのだから(§. 355, 62)、どの世界も一(§. 73 (§. 354, 155))だろうし、真(§. 90 (§. 357, 355, 354, 92))だろう。したがって、どの世界においても、秩序(§. 89)と共通の諸規則(§. 86)がある。架空の世界はいかなる世界でもない(§. 120)。(M. §. 359)

この引用文では、世界全体が二つの手続きによって特徴付けられている。まず、引用文の冒頭では、世界全体が存在者と同一視される。さらに、それ以後の部分では、世界に対し「一」、「真」、「秩序」といった述語が割り当てられている。後に詳しく説明するように、これらの述語群はあらゆる存在者に妥当する述語である。それゆえ、この箇所では、世界全体に固有の特徴が論じられているのではない。むしろ、世界全体と他のあらゆる存在者との共通点が論じられているのである。

次に、世界の部分に関してバウムガルテンがどのように論じているかを確認しよう。この問題を議論するに先立って、彼は世界を考察するための二つの立場を提出している。つまり、世界を複合体としてみなす立場と世界を単純体とみなす立場である。この点について、『形而上学』三九二項では以下のように言われている。「どの世界も単純な存在者か複合的な存在者かのいずれかであり(§. 224)、この世界は複合的な存在者である。この世界を単純な存在者とみなし、自分自身をこの存在者とみなす者は《唯我論者》(EGOISTA)である」(M. §. 392)。さらに、三九三項では、世界の諸部分を偶有性とみなす立場が退けられる。その後、三九四項で、バウムガルテンは、「複合された世界の諸部分は実体的なものか偶有的なもののいずれかであり(§. 393)、しかも、前者の場合、世界の諸部分は諸モナドである(§. 235)。したがって、どの複合された世界も、それゆえこの複合された世界もまた諸モナドから成り立っている(§. 392)」(M. §. 394)と述べ、世界を単純実体＝モナドからなる複合体と位置づけている。その上で、彼は、モナドを以下のように特徴付けている。

どの複合された世界のモナドも、したがってこの複合された世界のモナドも、可能なもの(§. 8)、合理的なもの(§. 24)であり、一で(§. 73)、真で(§. 90)、客観的に確実で(§. 93)、完全で(§. 99)、善なる(§. 100)存在者(§. 63)であり、偶然的で(§. 257)、可変的で(§. 133)、実在的で(§. 136)、普遍的に連結された(§. 357)存在者である。また、これらのモナドは、力を備え付けられたものであり、それどころか厳密な意味でも力であり(§. 199)、内的(§. 206)ならびに外的状態(§. 207)を持ち、変容しうるもの(§. 209)であり、延長しておらず、単一なものとしては空間を満たさないが、集合した場合には空間を満たす(§. 242)。また、これらのモナドは、量的大きさ(§. 243)を持たず、不可分で(§. 244)、有限である(§. 354)。したがって、これらのモナドは、自らの力に対するある種の限界(§. 249)と形而上学的悪(§. 250)を持ち、ある点では互いに似ており(§. 265, 268)、別の点では似ていないのみならず同じでない(§. 273)。また、これらのモナドは、単一のものとしては形を持たないが、モナドからなる全体が形を持つという仕方では、これらのモナドは形を持つのである(§. 280)。(M. §. 396)

この引用文では、『形而上学』三五九項で世界全体を特徴付けるために使われていた手続きが、モナドに対して適用されている。つまり、モナドが存在者と同一視された上で、あらゆる存在者とモナドとの共通点が示されているのである。とはいえ、以上の引用文はそれだけに尽きるものではない。ただ、この引用文の残りの含意を示しつつ、モナドの属性を明示するためには、「存在論」部門の内容をもう少し詳しく見てみる必要があるだろう。

第三節　存在論によるモナドの諸属性の導出

議論の準備のために、存在論の課題を改めて確認しよう。前述のように、存在論の課題はあらゆる存在者に共通の述語を提示することにある。バウムガルテンによれば、存在論で扱う述語は、存在者の「内的一般的述語(praedicata interna universalia)」、「内的選言的述語(praedicata interna disiunctiva)」、「関係述語(praedicata relativa)」の三種類である(Cf. M. §. 6)。「内的一般的述語」とは、あらゆる存在者に妥当する述語であり、「内的選言的述語」とは、対となる二つの述語のうちの一方だけがどの存在者にも当てはまる述語のことである。最後に、「関係述語」とは、二つ以上の存在者の関係を特徴付けるための述語である。「存在論」部門では、これらの述語群によってモナドの属性が導出される。具体的には、「内的一般的述語」によって存在者一般の特色が示された後、「内的選言的述語」によって、神や偶有性や複合実体から区別されたモナドの属性が導出されるのである。以下では、そのプロセスを確認していこう。

1.「内的一般的述語」による「存在者」の導出

では、「内的一般的術語」とは、どのような述語を指すのだろうか。前節末尾の引用文の中では、「可能なもの」、「合理的なもの」、「存在者」、「一」、「真」、「善」がこのタイプの述語に該当する。まず、「可能なもの」とは、矛盾律に抵触しないもの、自己矛盾を含まないもののことである(Cf. M. §. 7-8)。それゆえ、丸い三角形や鉄製の木といった自己矛盾を含むものは、「可能なもの」から除外される。そして、「可能なもの」には、以下の二つのタイプの規定が含まれるとされる。つまり、他の「可能なもの」との間に成り立つ「外的規定(determinatio externa)」つまり「関係(relatio)」と、他の「可能なもの」との関連を抜きにしても成り立つ「内的規定(determinatio interna)」、つまり「本質構成要素(essentialia)」、「属性(attributum)」、「様態(modus)」という三種類の規定である(Cf. M. §. 37; 39; 50)。以上の点を踏まえ、バウムガルテンは「可能なもののどの諸規定も、本質構成要素(§. 39)か属性か様態(§. 42)か関係(§. 37)かのいずれかである」(M. §. 52)と述べている。

次に、「可能なもの」に含まれる諸規定の種類について、マイヤーの解説書での実例もまじえて詳しく説明してみよう。「本質構成要素」とは、他の内的規定の根拠になる規定のことである。例えば、人間の「本質構成要素」としては、「理性的魂」と「肉体」が挙げられる[10]。これらの「本質構成要素」の総体が「本質(essentia)」である。さらに、「本質」から帰結する諸規定は「変状(affectio)」と呼ばれる(Cf. M. §. 41)。「変状」は、「本質」とのかかわり方の相違に応じて、「属性」と「様態」に区分される。この点について、バウムガルテンは「諸変状は本質において根拠を持つ(§. 41)、したがって本質において十分な根拠を持つか不十分な根拠を持つかのいずれかである(§. 21, 10)。前者は《属性》であり、後者は《様態》である……」(M. §. 50)と述べている。例えば、「思惟する能力」が人間に備わっていることは人間が理性を持つという人間の「本質」、より正確に言えば「理性的魂」という人間の「本質構成要素」から十分に説明可能である。だから、「思惟する能力」という規定は人間の「属性」と呼ばれうる。この点について、マイヤーは、「人間が思惟することができるということは人間の属性である。というのも、思惟する可能性は、内的規定であるのみならず、人間の本質においてその十分な根拠を持つからである。人間の本質には理性が属するが、理性を持つ者は諸物の連関を判明に思惟することができる、したがって、人間はそもそも思惟することができなくてはならないのである」と説明している。[11] 他方、マイヤーによれば、ある時点で人間が実際に思惟していないことは、人間が理性を持つことと衝突しないという。[12] だから、「理性的魂」という「本質構成要素」は、人間が「実際の思考」という規定を持つことの十分な根拠にはなりえない。それゆえ、この規定は人間の「様態」と言われる。このように、「可能なもの」の諸規定は、根拠と帰結の関係に基づいて、互いに連結されているのである。それゆえ、「可能なもの」のあらゆる規定の第一根拠をなす「本質構成要素」が「絶対的規定(determinatio absoluta)」と呼ばれ、「本質」から帰結する諸規定である「属性」、「様態」、「関係」は「相対的規定(determinatio respectiva)」と呼ばれることもある(Cf. M. §. 37)。

もちろん、「可能なもの」は直ちに「現存(exsistentia)」と同一視されるわけではない。バウムガルテンによれば、「《現存》(現実、cf. §. 210 現実性)とは、或るものにおいて共可能的な諸変状の総体、つまり、本質が諸規定の総体としてのみ考察される限りで(§. 40)、本質あるいは内的可能性を補完するもの(complementum essentiae sive possibilitatis internae)である」(M. §. 55)という。さて、「変状」とは、「可能なもの」の「属性」と「様態」のことである。それゆえ、「現存」とは、「可能なもの」の本質を補う形で、本質に由来する「属性」と「様態」が余すことなく規定されている事態を指す。このように、バウムガルテンは、「現存」の概念をある種の物の規定、あるいは実在性に還元したのである。[13] このことは、「現存は本質に対立せず、むしろ本質と共可能的な(§. 50, 55)実在性(§. 36)である」(M. §. 66)という彼の記述からも裏付けられる。

それゆえ、彼にとって、「現存」するものは、汎通的に規定された個体とほぼ同義である。それは、「可能なもののどの内的規定も、可能なものの本質か現存のいずれかに属する(§. 55, 42)」(M. §. 56)からである。ただし、「関係」が内的規定に数えいれられない以上、「可能なもの」が「現存」すると言うだけでは、ある「可能なもの」と他の「可能なもの」との間の「関係」が規定されない可能性が残る。だが、汎通的に規定された個体とは、ライプニッツの完足的個体概念のように、その物の内的規定だけでなく、外的規定も余すことなく自らの内に含んでいる物のことである。だから、上記の定義を見る限り、「現存」と「汎通的規定」の間にはわずかな落差があるとも言える。(14)

以上の議論を踏まえ、バウムガルテンは、「存在者」を「現存に関して規定されうる可能なもの」(M. §. 61)と定義している。つまり、「存在者」とは、「本質」に、「属性」と「様態」に関する諸規定が付加されることで、より具体化されうる「可能なもの」なのである。そして、「可能なもの」に含まれる諸規定を手引きに、「存在者」の概念の内実を明らかにすることが、バウムガルテンの存在論の第一の課題だと言うことができるだろう。

2. 「内的選言的述語」によるモナドの導出

以上のように、「可能なもの」、「一」、「真」、「善」などの「内的一般的述語」は、あらゆる「存在者」に例外なく妥当する述語である。それゆえ、これらの述語に着目するだけでは、世界の構成部分としてのモナドを、神などの他の「存在者」と区別することはできない。むしろ、そのためには、「内的選言的述語」に着目する必要がある。存在者の「内的選言的述語」とは、対となる二つの述語のうちの一方だけが、どの存在者にも当てはまる述語のことである(Cf. M. §. 6)。以下では、これらの述語群によって、モナドが他の存在者から区別されるプロセスを確認していこう。

まず重要なのは、神と被造物を区別する一連の述語である。先の引用で言えば、「偶然的存在者」という述語がこれに当たる。バウムガルテンによれば、「必然的なもの」とはその反対が不可能なものであり、「偶然的なもの」とはその反対が可能なものである(Cf. M. §. 101)。その上で、彼は、この区別を「現存」の概念に適用し、

「或るものにおいて現存の反対は可能なので(§. 54, 55)、現存は絶対的に必然的かそれ自体偶然的かのいずれかであろう(§. 102, 10)。その現存が絶対的に必然的な存在者は《必然的存在者》であり、その現存が内的に偶然的なものは《偶然的存在者》である」(M. §. 109)と述べている。つまり、「現存」がその存在者にとって不可欠であるかどうかに応じて、「偶然的存在者」と「必然的存在者」が区分されるのである。また、「必然的存在者」が不可変的で無限であるのに対し、「偶然的存在者」は、可変的であり有限だとされる。この点について、『形而上学』二五七項では、「したがって、有限的存在者は、内的に可変的であり(§. 248, 126)、したがって必然的存在者ではない(§. 132)。そして、この存在者の現存は様態であり(§. 134)、この存在者それ自身が偶然的存在者である(§. 109)」(M. §. 257)と言われている。このように、ある存在者が「偶然的存在者」であることは、その存在者が「必然的存在者」つまり神ではないことを含意しているのである。

次に重要なのは、実体と偶有性という「内的選言的述語」である。まず、バウムガルテンは、偶有性の現存の仕方である「内属(inhaerentia)」と実体の現存の仕方である「自存(subsistentia)」を区別する(Cf. M. §. 192)。その上で、彼は「実体に偶有性が内属するならば、内属するための何らかの根拠が(§. 20)、言い換えれば広義の力(効能、エネルギー、活動性 §. 216)が、しかも十分な根拠がある(§. 22)。これこそが力(厳密な意味での、手短にするため端的に力と呼ばれることもある)である」(M. §. 197)と述べている。つまり、偶有性が実体に内属するのに必要な十分な根拠が厳密な意味で力と呼ばれるのである。しかも、この力は実体でなくてはならない。というのも、仮に力も偶有性だとすれば、この力が内属するためのさらに別の実体が必要となり、無限背進に陥るからである。こうした実体の持つ内属の基体あるいは内属の根拠＝力としての側面は「実体的なもの(substantiale)」と呼ばれる(Cf. M. §. 196-199)。このように、「実体」と「偶有性」という「内的選言的述語」に着目することで、実体に内属する諸規定と内属の基体かつ十分な根拠である実体が区別されるのである。

最後に「単純なもの」と「複合的なもの」の区別が重要である。というのも、バウムガルテンは、この区別を実体に適用しつつ、「実体は単純であるか、複合的であるかのいずれかである(§. 224)。前者が《モナド》(アトム、完全な統一)と呼ばれる」(M. §. 230)と述べているからである。つまり、彼にとって複合実体は真の実体ではないのである。このことを彼は以下のような仕方で論証している。複合実体の本質をなすのは、「複合の仕方(modus compositionis)」である(Cf. M. §. 226)。つまり、木や石、漆喰といった建材が、教会や馬小屋、民家のような特定の複合実体をなすのは「複合の仕方」に依存する。それゆえ、「複合の仕方」が決定されていなければ、建材が特定の複合実体をなすことは不可能である。また、同じ建材は、「複合の仕方」が異なれば、異なる建物でありうる。それゆえ、複合実体と言われているもの、あるいは延長を持つものは、より細分された複数の実体が特定の「複合の仕方」に応じて一つの全体として現象したものにすぎないのである。彼が複合実体を「実体化された現象(phaenomenon substantiatum)」と呼ぶのはそのためである。以上の点について、彼は「複合実体は、互いの外に定立され(§. 232, 155)、ある種の仕方で複合された(§. 226)他の諸実体の総体としてのみ現存しうる。それゆえ、複合実体は、他のものどもの規定としてのみ現存しうる(§. 36, 38)。したがって、複合実体は偶有性(§. 191)であり、この実体がそれ自体として自存するように思われて、この実体に力が付与されるならば、実体化された現象(§. 193, 201)である」(M. §. 233)と述べている。このように、複合実体という表現が一種の自己矛盾を含むことを指摘することで、バウムガルテンは、「あらゆる実体はモナドである」(M. §. 234)という見解に到達している。

これまで、バウムガルテンが「存在論」部門でモナドを導出する過程を論じてきた。その過程は、以下の四つのステップにまとめることができる。①「存在者一般」≒「可能なもの」の構造を解明すること、②「必然性-偶然性」などの選言的述語によって神と被造物を区別すること、③「実体-偶有性」という選言的述語によって、モナドとモナドに内属する諸規定を区別すること、④いわゆる延長実体＝複合実体を単純実体に内属する偶有性の一つに還元すること。このように普遍的な「存在者」からその特殊事例であるモナドへ向かうという発想は、ライプニッツのモナド論には希薄だと思われる。(15)

第四節　モナドの表象性格の受容

次に、いわゆるモナドの表象性格に関するバウムガルテンの立場を確認したい。ヴォルフとは対照的に(16)、バウムガルテンは、モナドの表象性格に関するライプニッツの見解を踏襲している。実際、『形而上学』の四〇〇項で、彼は「どの複合された世界の個々のモナドも、したがってこの複合された世界の個々のモナドも自らの宇宙を表象する力(vires repraesentativae *sui universi*)(§. 199)である」(M. §. 400)と述べている。また、同書四〇一項で、彼は、世界をただ渾然としか表象しない「裸のモナド(monas nuda)」も許容している。

だが、バウムガルテンは「表象する」という事態を問題にする際に、sibi repraesentare と repraesentare という二種類の表現を使っていた。当時、これらの表現はドイツ語の sich vorstellen と vorstellen に対応すると考えられた。このことは、マイヤーが(17) sibi repraesentare に sich vorstellen、repraesentare に vorstellen という訳語を当てていることからもわかる。しかし、再帰動詞の sich vorstellen と他動詞の vorstellen は全く異なる意味を持つ。それゆえ、「モナドが世界を表象する」という事態の内実を解明する際には、「表象する」という語が、sich vorstellen と vorstellen のどちらの意味で使われているかをはっきりと特定する必要がある。特に、名詞形 repraesentatio は、外見だけでは再帰動詞的な意味と他動詞的な意味のどちらで使われているかを区別できないので、注意が必要である。しかし、以上の点を明らかにするための手がかりは、バウムガルテン自身のテキストにおいてはほとんど残されていない。それに加え、彼は「モナドが世界を表象する」ということの内実をそれほど詳しく説明していない。そのために、彼がモナドの表象性格をどのように考えていたかがわかりにくくなってしまっている嫌いがある。

この点を知るための数少ないヒントが、『形而上学』四〇〇項の以下の記述である。この箇所で、彼は「モナドが世界を表象する」ということの意味を以下のように説明している。

> 複合された世界のどのモナドも、それゆえまたこの世界のどのモナドも普遍的に連結されている(§. 357)。したがって、個々のモナドは、他のモナドの根拠であるか、帰結であるか、その両方であるかのいずれかである(§. 14, 48)。帰結から根拠が認識されうる(§. 29)。したがって、どの複合された世界のどのモナドからも、それゆえこの世界のどのモナドからも、世界に属する世界の個々の諸部分が知られうる(§. 14)、つまりどの複合された世界の個々のモナドも、それゆえこの複合された世界の個々のモナドも自らの宇宙を表象する力(§. 199)である……。(M. §. 400)

この箇所では、諸モナドが普遍的に連結されていることによって、どのモナドも世界の他の部分を知るための拠り所になると言われている。この点について、マイヤーの『形而上学』では、よりはっきり「各々の実体から、これらの実体が部分として属する世界に見出される一切が認識されうる」[18]と言われている。このことは以下のように説明することができるだろう。現実存在するモナドは、他のあらゆるモナドと連結されることで、世界の一部分をなしている。その結果として、各々のモナドは、本質構成要素や属性といった内的規定だけでなく、他のあらゆるモナドとの関係に関する外的規定に関しても余すことなく規定されている。それゆえ、あるモナドに含まれている規定を分析し枚挙することで、当のモナドだけでなく、他のあらゆるモナドに関する全ての規定を知ることができる。こうしたモナドの表象性格について、マイヤーは、「したがって、複合された世界におけるどの実体も、その世界のあらゆる部分の認識根拠であり、それゆえ全世界の認識根拠でもある[19]」と述べている。

以上のように、「モナドが世界を表象する」とは、各々のモナドの規定(特に外的規定)に世界全体の在りようが反映されているという事態に他ならない。だからこそ、各々のモナドは世界全体を認識するための起点となるのである。これは、世界全体を認識するということとは別の事態である。そして、この事態は、モナドの汎通的規定性によって、あるいはモナドが他のあらゆるモナドと連結していることによって可能になる。とはいえ、こうしたモナド間の連結関係はどのようにして可能になるのだろうか。この点を次節で明らかにしたい。

第五節　モナド間の相互性と予定調和説の証明

本節では、バウムガルテンが諸モナドの連結関係をどのように説明していたのかを明らかにしたい。世界における諸実体は互いに連結しあうことで調和のとれた一つの全体をなしている。この点について、彼は「世界にはいかなる孤島もない(*in mundo non datur insula*)」(M. §. 357)、あるいは「どの世界の諸実体もこの世界の諸実体も普遍的な相互性(in universali commercio)の内にある(§. 357)」(M. §. 448)と説明している。その上で、彼は、「《世界の諸実体間の相互性を説明する諸説》(SYSTEMATA EXPLICANDI COMMERCII INTER SUBSTANTIAS MUNDI)」(ibid.)を「《普遍的諸説》(SYSTEMATA UNIVERSALIA)」(ibid.)と「《心理学的諸説》(SYSTEMATA PSYCHOLOGICA)」

(M. §. 761)に区分する。前者は、世界におけるあらゆる諸実体の相互性の説明を目指すのに対し、後者は人間における魂と身体間の相互性の説明を目指したものである。これに対応して、前者は、「世界論」の「世界における実体の相互性」節で、後者は「合理的心理学」の「心理学的諸説」節で論じられている。そして、世界における諸モナドの連結関係を論じるために重要なのは前者である。

では、前者の「普遍的諸説」について、彼はどのような議論を行ったのだろうか。彼によれば、世界における実体の相互性を説明する体系は、「《普遍的予定調和説》(SYSTEMA HARMONIAE PRAESTABILITAE UNIVERSALIS)」(M. §. 448)、「《普遍的物理影響説》(SYSTEMA INFLUXUS PHYSICI UNIVERSALIS)」(M. §. 450)、「《普遍的機会原因説》(SYSTEMA CAUSARUM OCCASIONALIUM UNIVERSALE)」(M. §. 452)の三つのみであるという。そして、彼の狙いは、この三つの説のうち、「普遍的予定調和説」が最良の説であることを示すことにある。そのために、彼は、後者二つの説の問題点を指摘しつつ、「普遍的予定調和説」の正当性を証明しようとする。以下では、三つの説の概要を示した上で、彼が予定調和説の正当性を証明する過程を概観しよう。

1. 議論の前提と三種類の説の概要

まず、議論の前提となる力、能動、受動、影響、相互性という用語の意味を確認しておこう。バウムガルテンによれば、ある変化の根拠、あるいは偶有性が実体に内属するための根拠は、実体の力と呼ばれる(Cf. M. §. 197)。そして、変化の根拠、つまり実体の力は、当の実体そのものに存するか他の実体に存するかのいずれかである。前者の事態は実体が「能動する(agit)」、後者の事態は実体が「受動する(patitur)」と呼ばれる(Cf. M. §. 210)。この点について、彼は「したがって、《能動》(ACTIO)とは自分自身の力による実体における状態の変化、また一般的には自分自身の力による実体における偶有性の現実化であり、《受動》(PASSIO)とはよそからの力による実体における状態の変化、また一般的にはよそからの力による実体における偶有性の現実化である」(ibid.)と述べている。その上で、彼は「能動」を「移入する能動(actio transiens)」、つまり他の実体への「影響(influxus)」と「内在する能動(actio immanens)」に区分する(Cf. M. §. 211)。そして、諸実体の影響関係は相互的でありうる。その場合、ある実体は他の実体に影響を与えつつも、他の実体から受動している。こうした実体間の相互影響関係が目下問題とされている実体間の相互性である(Cf. M. §. 448)。

では、こうした実体間の影響関係はどのように説明されうるのだろうか。バウムガルテンによれば、実体間の影響関係は、実在的な影響関係と観念的な影響関係の二種類に区別されるという。この区別について、彼は「他の実体によって影響を及ぼされる実体の受動が同時に受動する実体の能動である場合、《受動》と《影響》は《観念的》と呼ばれる。これに対し、受動が受動する実体の能動でない場合、《受動》と《影響》は《実在的》と呼ばれる」(M. §. 212)と述べている。つまり、任意の実体の変化の根拠が他の実体にのみあるか否かに応じて、両者の影響関係が区別されるのである。

ただ、彼は実体間の観念的影響関係についてこれ以上詳しい説明をしていない。そこで以下では、マイヤーの『予定調和の証明』(一七四三)の議論を手がかりに、実体間の観念的影響関係の特色を確認したい。

マイヤーは、実体間の観念的影響関係の成立要件として以下の三点を挙げている。①ある実体において、その状態の変化、つまり規定が現実的になること、②この状態の変化が、可能性の面だけでなく現実性の面でも、この実体において根拠付けられていること、③まさにこの状態の変化が他の実体の力から認識されうること。(20) ①と②からは、ある実体から観念的影響を受けている実体の変化はあくまでも自分自身の力から生み出されることがわかる。③からは、観念的影響を与えている他の実体は当の実体の変化のための機縁、あるいはこの変化を知るための認識根拠であることがわかる。この点について、マイヤーは、教師が聞き手に真理を教えるという事態を例に以下のような説明を行っている。教師の聞き手に対する影響を実在的影響と解することは不合理である。その場合、聞き手の学習は、溶けた封蠟に印銘を押す場合のように、ただの詰め込み教育になってしまうからである。むしろ、聞き手は学習の際に自分で考え、真理の認識を自分で生み出す。それでも、教師は、聞き手の知性が真理を認識するための根拠、あるいは他の真理ではなく、教師が話している真理を認識するための根拠を含んでいる。以上の説明を踏まえ、「したがって、教師の自分の聞き手に対する影響は観念的である」[21]と彼は主張している。この例では、教師と聞き手が実体、聞き手の真理の認識が実体の状態の変化とみなされている。その上で、この状態の変化が、他の実体からの影響の受動(＝教師の話を聞く)であるのと同時に、当の実体自身の能動である(自分自身で考え、真理を認識する)と説明されているのである。さらにこの例からは、教師という他の実体が、聞き手という実体の状態の変化の機縁であり、認識根拠とみなされていることもわかる。このように、ある実体の状態変化の根拠が当の実体自身と他の実体の双方に見出される事態こそ、実体間の観念的影響と観念的受動の関係なのである。[22]

さて、実在的影響と観念的影響という対概念を用いて、バウムガルテンは世界の実体間の相互性を説明する三種類の説を特徴付けている。つまり、予定調和説は、世界の諸実体が観念的に影響しあうと説明する立場である。ただし、バウムガルテンは神が世界内の諸実体に実在的に作用するという論点もたびたび強調している。それゆえ、厳密に言えば、予定調和説は、世界の諸実体の観念的影響と神の世界への実在的影響の両立可能性を支持する立場である。[23]これに対し、物理影響説は、世界の諸実体が実在的に影響しあうと説明する立場である。また、機会原因説は、世界の諸実体の間には実在的にも観念的にも影響関係はなく、ただ神だけが世界のあらゆる実体に実在的に影響すると説明する立場である。こうした彼の説明は、さしあたり以下のように整理できる。

	実体間の実在的影響	実体間の観念的影響	神の実在的影響
予定調和説	×	○	○
物理影響説	○	×	×
機会原因説	×	×	○

以上の説明を前述の教師と聞き手の例を手がかりに敷衍してみよう。予定調和説の立場からは、聞き手が真理を獲得したのは、教師が真理を教えるのをきっかけに、聞き手が自身の力で考えたからだと説明されうる。これに対し、物理影響説の立場からは、聞き手が真理を獲得するのは、教師によって真理が詰め込まれたからだと説明される。この違いは、「両説が異なるのは、後者の説〔＝物理影響説〕が、受動する実体を作用から締め出すのに対し、前者の説〔＝予定調和説〕は受動する実体を作用から締め出さない点である（§. 449, 451）」（M. §. 454）という記述からも読み取ることができる。最後に、機会原因説の場合、聞き手が真理を獲得したのは、教師が真理を教えるのをきっかけに、神が聞き手に介入したためだと説明されうる。その際、聞き手は、物理影響説の場合と同様、受動的でしかない。この点については、『形而上学』において、「普遍的物理影響説と普遍的機会原因説が相互に似ているのは、両説とも、同一の世界の他の部分からのこの世界のある実体の受動が実在的だと説明する点である」（M. §. 456）と言われている。ただし、当の実体が実際には他の実体からではなく、神から影響を受動する点で、機会原因説は物理影響説と異なる。つまり、「両説が異なる（§. 70）のは、普遍的物理影響説が世界の実体に対して無限実体だけが影響することを否定するのに対し、普遍的機会原因説はこのことを肯定する点なのである（§. 451, 452）」（ibid.）。

以上のことから、バウムガルテンは、世界の実体間の影響関係の有無、または、この影響関係の種類に応じて、上記の三説を区別していることがわかる。次に、この議論を踏まえた上で、上記の三説をバウムガルテンがどのように評価したのかを確認したい。

2. 三種類の説に対する評価

前述のように、バウムガルテンは、上記三説のうち、物理影響説と機会原因説の問題点を指摘した上で、予定調和説の証明を試みている。具体的には、『形而上学』四五一項で、物理影響説の問題点が、これに続く四五二項では、機会原因説の問題点が指摘される。さらに、上記三説の類似点と相違点が確認された後、四五九項以降で予定調和説の正当性が証明されるのである。

まず、物理影響説の問題点についてバウムガルテンは以下のように述べている。

……したがって、あらゆる変化は調和的であり(§. 448)、それゆえ、普遍的物理影響説にしたがえば、世界におけるいかなる実体も自らの変化に際して作用するのではなく、むしろどのような変化においても世界における他の実体から何かを実在的に受動するのである。しかしながらその場合、同じ理由でこの他の実体は決して作用しないことになり(§. 210)、したがって力ではないことになるだろうが(§. 197)、このことは一九九項に矛盾する。(M. §. 451)

『形而上学』一九九項は、いわゆる実体＝力説が提示される箇所である。この点を考慮した場合、上記の議論は以下のようにパラフレーズできる。

a. 物理影響説によれば、ある実体の変化は、自分自身の能動によってではなく、他の実体からの影響によってのみ生じる。

b. しかし、この説明が普遍化された場合、自らの状態の変化に際して、自分で作用するような実体は一つもないことになる。

c. だが、このことは、実体が変化などの偶有性の内属の理由、つまり力であるという説と矛盾する。

d. それゆえ、物理影響説は誤っている。

上記の議論では、物理影響説の特徴に着目することで、この説の問題点が引き出されている。まず問題となるのは、b. で示されているように、物理影響説を普遍化した場合、実体の作用や影響を語ることが不可能になってしまうことである。しかし、この説は、本来実体間の実在的影響関係を語るための説である。したがって、マイヤーの言うように、普遍化された物理影響説は何らかの自己矛盾を含むことになってしまう。(24) それに加え、この説が普遍化された場合、世界には自分の力で作用する実体は一つもないことになる。しかし、このことは実体＝力説に矛盾する。つまり、物理影響説とバウムガルテンの実体論は両立不可能なのである。

次に、機会原因説の論駁に関して。彼によれば、「この説は四〇〇項と四〇八項に矛盾する。したがって、この説は間違いである」(M. §. 452) という。前述のように、『形而上学』四〇〇項ではモナドの表象性格が論じられている。また同書四〇八項では世界における実体が一つのもれもなく互いに影響しあっていることが確認されている。それゆえ、バウムガルテンは、世界における諸実体の相互影響関係を否定する機会原因説は、モナドの表象性格と両立不可能だとする。さらに、彼は、物理影響説の場合と同様、この説も実体＝力説と両立不可能だと主張する。この点について、彼は「したがって、この説も有限な物におけるあらゆる力とエネルギーを廃棄してしまう(§. 451)」(M. §. 452)と述べている。

以上のように、バウムガルテンは、自らのモナド論を拠り所に、物理影響説と機会原因説の論駁を試みている。そして、以上の議論は、物理影響説と機会原因説の不備を指摘することで、消極的に予定調和説を擁護することになる。それに加え、彼は、予定調和説を積極的に支持するための証明も試みている。その証明は以下のように再構成できる。

a．予定調和説は、他の二説よりも大きな実体間の連結、つまり調和を説明できる。

b．この調和を持つ世界が最も完全な世界である。

c．ゆえに最善世界説が妥当するなら、予定調和説は正しい。

まずa．に関して。バウムガルテンは「より大きな連結(nexus maior)」を調和と呼んでいる(Cf. M. §. 167)。「より大きな連結」とは、ある規定が可能な根拠が世界内のより多くの実体において見出されることである。さて、彼によれば、機会原因説よりも物理影響説の方が、さらに物理影響説よりも予定調和説の方が、ある規定が可能になるための根拠をより多く設定できるという。このことは前述の教師と聞き手の例に即して考えてみてもわかる。物理影響説の立場では、聞き手が真理を獲得する根拠は、教師においてのみ見出される。これに対し、予定調和説の立場では、その根拠は、教師においてだけではなく、教師から影響を受ける聞き手自身の力においても見出される。つまり、「物理影響においては、実在的に受動する実体の受動は、受動する実体の諸力において、いかなる十分な根拠も持たない(§. 450, 212)。予定調和においては、受動する実体の受動はその十分な根拠を1)実体自身の諸力において、2)その実体に観念的に作用する実体において持っている(§. 449)」(M. §. 459)のである。この点を踏まえ、彼は「予定調和においては、影響を与える実体は、物理影響におけるのと同じだけの帰結を持つが、受動する実体は物理影響におけるよりも多くの帰結を持つ(§. 166)」[25](ibid.)と述べている。さらに、彼は、機会原因説に依拠した場合、物理影響説よりも世界の調和を説明できないと付け加えている(Cf. M. §. 460)。それは、機会原因説に依拠した場合、ある変化の根拠が影響を与える実体にも影響を受ける実体にも見出されないからである。以上の議論から、彼は予定調和説が世界の最大の調和をよりよく説明することができると主張している。

次にb・に関して。「最も完全な世界においては、世界において可能な最大の普遍的連結(§. 437, 94)、調和、一致(§. 436, 357)がある」(M. §. 441)。さて、上述の議論からわかるように、予定調和説が最も多くの普遍的連結・調和を説明することができる。それゆえ、予定調和説によって説明される世界は最も完全な世界である。したがって、神が数多くの可能な世界の中で最善の世界を創造したという最善世界説が妥当するなら、予定調和説は正しい。このように、バウムガルテンは最善世界説を拠り所にして予定調和説を擁護しているのである。[26]

第六節　バウムガルテンの物体論

次に、バウムガルテンの物体論を概観しよう。バウムガルテンにとって、世界を構成する真の実体はモナドだけである。これまで見てきたように、モナドは単純で延長を持たない実体である。それゆえ、彼のモナド論だけに着目すると、彼の物体論の特色は見えてこない。けれども、バウムガルテンは「モナドは延長していないし、空間を満たしもしない(§. 241, 230)。けれども、諸モナドからなる全体(totum monadum)(§. 235)は延長している(§. 241)」(M. §. 242)とも述べている。つまり、延長を持つ物体は複数のモナドから生じた現象とみなされているのである。この点は、彼が複合実体や物体を一貫して「実体化された現象」と呼んでいたことからも裏付けられる。したがって、バウムガルテンの物体論の特色を知るためには、物体とモナドの関係を扱った議論に着目する必要があるだろう。

とはいえ、バウムガルテンの『形而上学』において、こうした議論が展開されているテキストはあるのだろうか。この問いに対しては、「世界論」部門、第二章「世界の諸部分」第二節「物体の第一の誕生(prima corporum genesis)」(以下、「誕生」節)においてこそ、こうした議論が見出されると答えることができる。この節の主題は、延長、慣性力、運動力といった物体の諸属性や物体の基礎をなす「要素(Elementum)」である。この点で、「誕生」節はバウムガルテンの物体論のメインテキストだと言うことができるだろう。

だが、バウムガルテンの『形而上学』の本文を見る限り、「世界論」部門でこのような議論が導入された意図ははっきりしない。だが、こうした物体論の意義は、マイヤーによる解説書『形而上学』には詳しく記されている。同書第二巻「世界論」にも、「世界における諸物体の第一の起源について(Von dem ersten Ursprunge der Körper in der Welt)」という節がある。節の名前からもわかるように、この節の議論は、バウムガルテン『形而上学』の「誕生」節を下敷きに行われている。そして、この節の冒頭でマイヤーは以下のように述べている。

むしろ、世界論において我々が示さなくてはならないのは、ただいかにして世界の個々の諸実体があらゆる物体が共有している全ての諸属性を保有するような存在者をなしうるのか、ということだけである。さて、あらゆる物体は以下の五つの諸属性を共有している。それは、延長、それらの諸部分の合一、諸部分の確固たる連関、慣性と運動力である(§. 226)。これら五つの属性を保有するような存在者を我々は常に物体として表象する。したがって、我々は、これまで行ってきたように、世界の個々の諸実体からこれらの諸属性を導出することができた場合には、物体の第一の起源を十分にこれらの諸実体から説明することができているだろう。(27)

上記の引用文から、この節の議論の意図を読み取ることができる。まず、延長、諸部分の合一と連関、慣性力、運動力という五つの属性のみが論じられているのは、この節の議論があらゆる物体に共通する諸属性のみを対象にするからである。さらに、この節に「世界における諸物体の第一の起源」というタイトルがつけられているのは、物体にこれらの諸属性が備わっている根拠を単純実体にまでさかのぼって探求するためである。つまり、この節の目的は、単純実体から物体概念が生成する過程と根拠を示すことにある。この点で、この節の議論は物体とモナドの関係を論じた議論だと言えるだろう。そこで以下では、マイヤーの議論を参照しながら、バウムガルテンが物体の生成過程をどのように説明していたのかを明らかにしよう。

1．「延長体」の成立条件としてのモナド間の異種性とモナドの接触

まず、バウムガルテンは、延長という物体の属性が生じるために必要な条件を問題にする。そのために、彼は「モナドからなる全体(totum monadum)」を「モナド複合体(monadatum)」と名づけた上で(Cf. §. 406)、以下のように述べている。「複合された世界における諸モナドは、世界の部分をも自らのモナド複合体として持つか、持たないかのいずれかである(§. 10, 406)。どちらの場合でも、この種のモナド複合体は不可入的で(§. 398)部分的には似ていない(§. 396)諸部分からなる《延長体》(§. 396)、つまり《部分的には異種的な延長体》ということ

になり、それゆえ、《全面的に同種的な延長体》、つまり全面的に似ている諸部分(§. 271)からなる延長体ではないことになろう」(M. §. 407)。つまり、この箇所で、バウムガルテンは「延長体」が「モナド複合体」から成り立つ要件として、モナド間の不可入性とモナド間の異種性の二点を挙げているのである。

とはいえ、どうしてこの二点を挙げたのか。マイヤーの議論を見る限り、それは単なる三次元の拡がりと現実の物体を区別するためだと考えられる。バウムガルテンもマイヤーも前者を「数学的物体(corpus mathematicum)」、後者を「物理的物体(corpus physicum)」と呼んでいる。[29] この区別を踏まえ、マイヤーは、「同種的な延長体」の定義を行う際に、以下のように述べている。「かくして、人々が数学において想定するのは、数学的線が同種的な延長を持つこと、つまり、線のあらゆる部分がまた線に他ならないことである。さて、数学においてこの点に関して何が想定されようとも、それはここで我々には何ら関係がない。なぜなら、数学的線、数学的面、数学的物体は単なる抽象的な概念だからである」[30]。この文章では、物体を構成する諸部分が同種的であることが、「数学的物体」の構成要件だとされている。さらに同項で、マイヤーは「この世界におけるあらゆる物体は、異種的な延長を持つ」[31] と述べている。以上の点を考慮した場合、物体を構成する諸部分が同種的か否かという点こそが、単に抽象的な「数学的物体」とこの世界に現存する「物理的物体」を区別するためのメルクマールになると考えられる。

また、モナド相互の不可入性という条件を挙げたのも、「数学的物体」と「物理的物体」を区別するためだと考えられる。この点は、マイヤーのアナクサゴラス批判から読み取ることができる。『形而上学』三七九項において、マイヤーは、アナクサゴラスの宇宙生成論を以下のように批判している。「アナクサゴラスは、世界におけるあらゆる物体は相互に完全に似ていながらも、物体全体とも完全に似ているような諸部分から構成されている、という見解を持っていたと言われている。例えば、この教説に従えば、水のあらゆる部分は水であり、また水においていて水以外のいかなる実体的な部分もない、と想定せざるをえないだろう。したがって、目に見える水の集合は、無限に多くの目に見えない水滴の総体に他ならないことになるだろう。しかし、この教説は完全に間違っている」[32]。さらに、この批判を支える論拠として、マイヤーは「世界の第一諸実体は不可入的であり、したがって絶えず互いの外にある(§. 364)」[33]ことを挙げているのである。以上の点を考慮した場合、実体の不可入性という性格は、「物理的物体」の構成要件としての実体間の異種性を確保する役割を果たしていると言える。それゆえ、モナド相互の不可入性という性格も「数学的物体」と「物理的物体」を区別するために寄与しているのである。

もちろん、非延長的なモナドが複合されることによって延長体が生じるという主張は一見不合理に見えるかもしれない。確かに、この主張が本来幅のない点を合算することで幅のある線が生じるといった意味で理解された場合はそうであろう。しかし、モナドが複合されることで延長体が生じるという主張は、このような意味で理解されるべきではない。というのも、点と線は同じ領域に属するのに対し、モナドは延長体と別の領域に属するからである。前に見たように、物体はモナドが複合されたことから帰結した現象と説明されていた。つまり、モナドと延長体は根拠と帰結、あるいはあるがままの物と現象の関係にある。それゆえ、モナドと延長体の関係は以下のように説明できる。モナドが他のモナドから自存している以上、諸モナドは、それ自体で一つの全体をなすわけでも、延長を持つわけでもない。しかし、これらのモナドが一つの全体としてみなされ、「モナド複合体」として捉えなおされた時に、諸モナドは一つの延長体として現れるのである。この点で、多数のモナドと一つの延長体は表裏一体の関係にある。以上のことを考慮した場合、モナドが複合されることによって延長体が生じるという主張は、それ自体では互いに離在しあっている無数のモナドが一つの複合体とみなされることで延長が生じるという意味で解釈されるべきなのである。

では、互いに異種的で自存しているモナドが一つの複合体に属するための条件は何だろうか。その条件としてバウムガルテンが挙げているのが、複数のモナド間の「接触(contactus)」あるいは「固着(cohaesio)」である。確かに、延長を持たないモナドが互いに接触しあうという説明は一見奇妙に見えるかもしれない。こうした違和感が生じるのは、「接触」という言葉で、物体の衝突や身体的接触をイメージしてしまいがちだからだと思われる。けれども、バウムガルテンは、空間的な位置関係をまじえない形で、「接触」という概念を定義している。この点は、『形而上学』二二三項における「現前(praesentia)」と「接触」に関する以下の記述から読み取れる。「他の実体へより近い影響を及ぼす実体は、他の実体に《現前している》(PRAESENS)。そして、最も近くで互いに現前しあっている諸実体は《互いに接触しあっている》(SE CONTINGUNT)」(M. §. 223)。つまり、「現前」とは、あるモナドが、比較的近い他のモナドへ一方的な作用を及ぼしている状態である。これに対し、「接触」の場合、「現前」の場合よりも、モナド相互の関係の結び付きが強く、しかも、モナド間の影響関係は双方向的である。このように、バウムガルテンは、実体間の作用関係の方向性と強度の相違に応じて、「接触」を定義している。

　こうした議論を踏まえた上で、バウムガルテンは、「接触」の可能性の条件を探求する。その条件として彼が挙げているのが「固着」である。『形而上学』四一四項で、彼は「固着」について、「第三の力によってのみ分離されうるような仕方で互いに接触しあっているものどもは、《固着している》。したがって、互いに接触しあっている世界の諸モナドは固着している(§. 413)。いかなる接触も固着なしにはない」(M. §. 414)と述べている。諸モナド間の固着に関する彼の説明は以下のように整理できる。前述のように、二つのモナドの「接触」とは、これらのモナドが直接かつ相互的に作用しあっている状態のことである。さて、これらのモナドが互いに接触している十分な根拠は、まさに、これらのモナドの作用・反作用が互いに等しいからである(Cf. M. §. 411; 412)。それゆえ、二つのモナドを分離するためには、他の力が介入しなくてはならないのである。この点について、マイヤーの『形而上学』では、戦士が互いに組み合っている状態を例に以下のような解説がなされている。「二人の戦士は、仮に互いに対立しあっている彼らの力が同一の方向と努力を保持し、いかなる第三の力も彼らの間に出現しなければ、永遠に組み合ったままだろう。そして、互いに接触しあっている世界のあらゆる実体に関しても、事情は同様なのである」(34)。確かに、非延長的なモナド同士の関係を、延長を持つ戦士同士の接触と完全に同一視することはできない。それでも、第三者の介入なしに互いに分離できないという点で、この二つの関係が類似しているとは言えるだろう。

以上の点から、「延長体」の成立条件として、以下の二点を挙げることができる。一つ目は「延長体」を構成する部分＝モナドの異種性であり、二つ目は部分間の接触関係である。けれども、この二つの条件だけでは、物体の成立条件を説明するためには、不十分である。以下では、慣性力と運動力という残りの二つの条件を見ていこう。

2．物体の成立条件としての慣性力と運動力

『形而上学』四一五項〜四一八項において、バウムガルテンは物体に慣性力と運動力が備わっていることの証明を試みている。この証明の目的は、前に論じたモナドの表象力という性格が慣性力と運動力の起源であることを示す点にある。それゆえ、この証明は、物体に備わっている五つの諸属性がモナドに由来することを示す「誕生」節の課題に適ったものだと言えるだろう。

まず、証明の準備として二つの前提が確認される。一つ目の前提は、「複合された世界においては、いかなる変化も運動なしには生じない」(M. §. 415) というテーゼである。彼は、このテーゼの論拠を以下のように説明して

いる。Bという状態を伴ったAは、他のあらゆるものとの関係に応じて、その位置、場所が決定されている。さて、Aの状態がBからnon-Bに変わったとする。その場合、Aの内的規定だけでなく、Aとあらゆるものとの間の関係も変化する。それゆえ、Aの場所の変化、つまり運動が生じるのである。バウムガルテンによれば、変化は、様態の変化である「変容(modificatio)」と関係の変化である「変動(variatio)」とに大別される(Cf. M. §. 209)。前者は内的規定の変化であり、後者は外的規定の変化である。したがって、このテーゼによれば、物の内的規定の変化には外的規定の変化が必然的に伴うことになる。

二つ目の前提は、変化によってあるものの状態は部分的にしか変わらないというものである。この点について、バウムガルテンは以下のように述べている。「そのような変化、複合された世界におけるそのような運動が生じるたび、変化をこうむるものの状態、また当のものもその一員である宇宙の状態は、部分的に先行するものと同一であり(§. 265)、部分的に異なっている(§. 125)」(M. §. 415)。以上の引用文で言われているのは、ある事物の諸規定の中には、可変的な規定と不変的な規定があるということである。可変的な規定は様態と関係であり、不変的な規定は本質と属性である。

上記の引用文をこのように解釈することは、以下の二つの理由によって裏付けられる。一つ目の理由は、上述の引用文において、バウムガルテンが二六五項の議論を参照していることである。この箇所では、「最小の類似性は、それらのただ一つの最小の質が共通であるような二つの事物の間に存する(§. 174, 70)。さて、あらゆる存在者においていくらかの共通の質がある(§. 8-100)。それゆえ、あらゆる存在者は互いにある程度の度合いで似ている(§. 246)」(M. §. 265)と言われている。二六五項で「あらゆる存在者において共通の質がある」と言われているのは、前に論じた存在者の「内的一般的述語」を念頭に置いてのことだと思われる。この点は、二六五項引用文内で、八項から一〇〇項、つまり「存在論」部門、第一章「存在者の内的一般的述語」のほぼ全てが参照されていることからもうかがい知ることができる。さて、「内的一般的述語」とは、いわば、あらゆる存在者に共通の構造のことである。以上の点を考慮した場合、上記四一五項で、変化に際しても変わらないと言われているのは、「内的一般的述語」によって特徴付けられる存在者固有の構造のことだと言えるだろう。

二つ目の理由は、状態の定義である。『形而上学』二〇五項では、「自存する偶然的個体は、様態と関係に関して規定されている(§. 148, 200)。したがって、こうした個体においては、確立したもの、あるいは内的に不変的なもの(§. 107, 132)が可変的なもの(§. 133)と共存している。このような共存が《状態》である」(M. §. 205)と言われている。別の箇所で、彼は、内的に不変的な規定として、事物の本質、本質構成要素と属性などを、可変的な規定として、様態と関係を挙げている(Cf. M. §. 132-133)。以上の点を考慮すれば、状態とは、本質構成要素と属性といった不変的な規定と様態と関係といった可変的な規定が共存していることだと言えるだろう。そして、状態が変化するということは、偶然的個体の様態か関係のどちらかが変化することを意味するのである。

では、慣性力と運動力の証明の構造を確認しよう。『形而上学』四一六項では、以下の証明が行われている。

宇宙において延長体をなす諸モナドは(§. 414)、絶えず自分自身の力によって(§. 400)働いていて(§. 216, 285)、自らの世界の個々の諸状態と自分自身の状態を、さらに未来の状態(§. 298)をも表象するが、それは以下の二つの場合においてである。一つ目は、この力がある種の運動を妨げ、ある種の運動に抵抗することによって(§. 415, 210)、これらの諸状態が持続的に先行する諸状態と同じである場合である。二つ目は、この力がある他の運動を引き起こす、つまり動かすことで(§. 415, 210)、これらの諸状態が先行する諸状態と異なる場合である。個々の部分に当てはまる諸述語の集合は、全体に付与される(§. 155)。したがって、この宇宙のいくらかのモナドは慣性力を付与された(§. 294)延長体、したがって物質(§. 295)をなす。この宇

宙の物質もどのような世界の物質も、全面的に同種的ではありえない(§. 407)。(M. §. 416)

この証明は、以下のようにパラフレーズできる。a. モナドは自分自身の力で世界を表象する。b. モナドの表象力は運動に対する抵抗の根拠であるのと同時に、運動の根拠でもある。c. 個々のモナドを特徴付ける属性は、モナドからなる全体＝「モナド複合体」の特徴でもある。d. したがって、モナド複合体には、運動に抵抗する力、つまり慣性力が付与されている。

　まず、a. とb. に関して。前に論じたように、モナドが自分自身の力で世界を表象するということは、以下の二つの事態を意味する。一つ目は、モナドが世界全体の認識根拠だということである。二つ目は、モナドが自分自身の力で自らの状態を変えていくことである。このように言えるのは、バウムガルテンにおいては、実体＝力が偶有性の内属の根拠と解されているからである。けれども、四一五項で言われていたように、モナドの状態の中で可変的なのは様態と関係に関する規定だけであり、本質構成要素と属性に関する規定は不変である。それゆえ、モナドの力は、様態と関係に関する規定が変化するための根拠としての側面だけでなく、本質構成要素と属性にかかわる規定が不変であるための根拠としての側面も持っている。そして、上記の引用文では、前者の側面が、ある他の運動を引き起こすための根拠として、後者の側面が、ある種の運動に対して抵抗するための根拠として位置づけられているのである。

　次にc. に関して。バウムガルテンは、一つとみなされた諸部分について言えることは全体にも言えると主張している。この点は、上記の引用文の後半部で一五五項が参照されていることからも読み取れる。同項では、全体と部分が以下のように定義されている。「同時にまとめられた多と全く一様である一は《全体》(TOTUM)であり、同時にまとめられて全体と全く一様な多は、全体の《諸部分》(PARTES)である」(M. §. 155)。さらに、一五五項の説明を踏まえ、一五七項では、「全体はその現実的な諸部分と全く一様であり(§. 155, 156)、したがって等しく、似ていて、同種的である(§. 70)」(M. §. 157)とも言われている。もちろん、こうした主張によって全体を構成する諸部分間の異種性が否定されるわけではない。むしろ、ここで主張されているのは、諸部分の単なる集合と全体が等しく、同種的だということだけである。

最後にd．に関して。c．の部分と全体に関する議論は、モナドと「モナド複合体」との関係に適用されうる。つまり、「モナド複合体」を構成するあらゆるモナドに共通の特色は、「モナド複合体」そのものの特色でもある。さて、b．で見たように、どのようなモナドも運動に対する抵抗力を持つ。したがって、「モナド複合体」も運動に抵抗する力、つまり慣性力を持つ。上記のプロセスを経て、慣性力を持つ「延長体」、つまり「物質」が複数のモナドから成り立っていることが示される。

次に、物体の運動力に関する議論を見ていこう。この点については、『形而上学』四一七項の冒頭部で以下のように言われている。

> この宇宙の物質を構成する諸モナドは、意味上の第一質料(§. 295)、つまり単に受動的な質料を提示するのではなく、運動力が付与された(§. 416)質料、つまり第二質料、または物理的物体(§. 296)を提示する。(M. §. 417)

この引用文は、前に引用した四一六項の直後の文章である。この箇所では、何の断りもなしに、複数のモナドから慣性力と運動力の双方を備えた物体が構成されると言われている。それゆえ、四一六項から四一七項にかけて議論の飛躍があるのではないか、という疑念が生じるかもしれない。ただ、四一六項の議論は実は慣性力だけでなく運動力の証明にもなっている。この点に着目すれば、この疑念は解消されると思われる。前述のように、モナドの力には、モナドの様態と関係の変化の根拠としての側面と、モナドの本質構成要素と属性が不変である根拠としての側面がある。四一六項では、後者の側面に着目して、物体に慣性力が備わっていることが証明されていた。しかし、前者の側面に着目した場合、四一六項の議論だけで、物体に運動力が備わっていることを証明することは可能である。つまり、①どのようなモナドにもある他の運動を引き起こす力があること（b.）、②あらゆるモナドに共通する特色は「モナド複合体」の特色でもある（c.）という二つの前提から、「モナド複合体」＝物体にも運動力が備わっていることが証明できるのである。

以上の解釈は、マイヤーの解説からも裏付けられる。マイヤーによれば、物体の慣性力には二種類の発現の仕方があるという。つまり、この力が自分自身にかかわる場合と他の物体にかかわる場合である。この点について、『形而上学』の三八六項で、マイヤーは以下のように述べている。

世界における物体の慣性は二通りの仕方で発現する。まず、慣性は物体の外なる他の事物に関して発現する。なぜなら、物体は他の事物の運動に対立するからである。そして、このようにして、我々は慣性を前項で考察した。しかし他方で、慣性は物体自身に関しても発現する。なぜなら、どの物体も自分自身に内在する慣性によって自分自身が運動するのを妨げられるからである。そして、この慣性も、我々は実体の性質から導出することができる。その際同時に、我々は、そこから運動力が帰結するような真理を証明することができる。(35)

上記の引用文では、三八五項の議論と三八六項の議論との関係が確認されている。三八五項で、マイヤーは実体の不可入性に依拠して、物体が慣性を保持していることを証明している。上記の引用文の前半部で言われているように、この証明は他の事物に対して働く慣性力の証明である。これに対し、三八六項では、マイヤーは実体の表象力に依拠した証明を行っている。つまり、この箇所で、マイヤーはバウムガルテンが『形而上学』四一六項で行ったものとほぼ同型の証明を行っているのである。さらに、上記の引用文の後半部によれば、三八六項の証明は、物体自身に対して働く慣性力の証明であるのと同時に運動力の証明でもあるという。こうしたマイヤーの解説からも、バウムガルテンの『形而上学』四一六項での議論によって、物体に慣性力と運動力の双方が備わっていることを証明できることは明らかだと思われる。

以上の議論から、物体の慣性力と運動力は、物体を構成する諸モナドの表象力から派生することがわかる。それゆえ、バウムガルテンにとって、慣性力と運動力は、二つの別々の力ではなく、一つの力の二つの異なる発現の仕方なのである。この点について、彼は「これら二つの力は、一方が定立されることで別の関係で同時に他方が同一の基体において定立されえない、という仕方で対立しているのでは到底ない(§. 87)。むしろ、これら二つの力は同時に様々な運動との関係においてこの世界のどの延長体においても存していて(§. 417)、与えられた延長体において付与されている同じ力が、与えられた運動との関係においては運動力であり、この運動に対抗する運動との関係においては慣性力なのである。また、その反対も然りである(§. 415)」(M. §. 418)と述べ、読者に注意を促している。ともあれ、四一六項までの議論で、「誕生」節の目的、つまり物体の五つの属性の起源をモナドの属性から説明することは達成されたと考えられる。そこで以下では、これまでの議論を総括した上で、その意図を確認しよう。

3. 以上の議論の総括と意図

「誕生」節の議論は以下のようにまとめることができるだろう。不可入性と表象力を持つ非延長的なモナドが複合体をなすことにこそ、延長、諸部分の合一と連関、慣性力、運動力という物体の属性の起源がある。それゆえ、物体は実体ではなく、複数のモナドが複合されることで生じる現象なのである。この点を、「延長体」→「物質」→「物体」という三つのステップを経て示すことがこの節の狙いであった。

とはいえ、なぜ、バウムガルテンは、物体がこの五つの属性を備えていなくてはならないとみなしたのだろうか。それは、延長を物体の本質とみなすデカルトの見解に対抗するためである。この点を裏付けるための重要な示唆を、マイヤーの解説から得ることができる。というのも、彼は、物体の概念の定義を行う際に、「我々がこの節で行わなくてはならない最も重要なことは、我々が物体についての正しい概念を確定するように努力することである。デカルトはここである大きな誤りを哲学へと持ち込んだ。なぜなら、彼は延長を物体の本質とみなし、延長体を物体と完全に同一視したからである。彼がこの誤りに誤って導かれたのは、彼が数学的物体をこの世界において現実に存在するような物体とみなしたからである」(36)と述べている。ここでマイヤーは、最初にデカルトが「延長体」と物体を同一視した点に批判を向けている。この点を考慮した場合、バウムガルテンが物体の属性として上記の五つを挙げたのは、物体の属性に力の概念を組み込むことで、「延長体」と物体の同一視を回避するためだと考えられる。さらに、上記の文章で、マイヤーは、「延長体」と物体をデカルトが同一視した理由として、彼が「数学的物体」と「物理的物体」を区別しなかったことを挙げている。この説明を踏まえれば、バウムガルテンが「延長体」の部分を異種的とみなすことで「数学的物体」と「物理的物体」をはっきり区別したことも、デカルトの物体論を視野に入れた議論だと言えるだろう。

さらに、物体の五つの属性をモナドの属性から導出する「誕生」節の手法そのものをデカルト批判として読むことができる。この節の特色は、物体をモナドが複合することによって現れる「実体化された現象」として理解する点にある。つまり、バウムガルテンの哲学においては、物体論はモナド論に基礎付けられているのである。こうした物体理解は、物体を直ちに実体とみなすデカルトの見解に対する批判になりうる。

以上の立場は、ライプニッツによるデカルト批判に酷似している。ライプニッツは、『形而上学序説』や当時のデカルト主義者であったアルノーやデ・フォルダーとの往復書簡において、デカルトの物体論をたびたび批判している。教科書的に言えば、ライプニッツの物体論の特色も、物体は実体ではなく、真の実体たるモナドの複合体だとみなす点にある。その典拠の一例としては、一六九〇年のアルノー宛書簡での、「物体は複数の実体の集合で、厳密な意味での実体ではない。したがって、物体中のいたるところに、魂と対応する何かを持った不可分にして不生不滅の実体が見出されなくてはならない[37]」という記述が挙げられる。また、ライプニッツは物体をモナドに基礎を持つ現象と位置づけていた。その典拠としては、一六九〇年アルノー宛書簡の「その物質に属している生命を持った実体こそが真に一つの存在であり、物塊と考えられた物質そのものは、単によく基礎付けられた現象、あるいは現れにすぎず、空間と時間のようなものである[38]」という記述が挙げられる。もちろん、ライプニッツの物体論には、この他にも様々なトピックがある。本来ならば、これらのトピックをバウムガルテンがどのような仕方で継承しているかを逐一確認する必要があるだろう。しかし、本節では、バウムガルテンの物体論がライプニッツの物体論の大枠を継承していることを確認するにとどめて、次の問題へ議論を進めたい。

第七節　バウムガルテンにおける「系列の全体性」の問題
――「無限への進行」の不可能性

前節までは、バウムガルテンのモナド論と物体論を概観してきた。だが、これらの議論は、実体間の関係に関する議論であった。つまり、これまでの議論は、実体からなる「複合体」としての世界に焦点を当てたものなのである。そこで本節は、世界論の二つ目の主題である「系列」として考察された世界を、バウムガルテンがどのように論じていたかを確認したい。

この問題に関するバウムガルテンの議論は、『形而上学』「世界論」第一章第二節「世界の否定的概念」の冒頭部で行われている。この箇所の主題は、いわゆる「無限への進行(progressus in infinitum)」である。そして、バウムガルテンの最終的な狙いは、「無限への進行」という概念がそもそも矛盾を含んでいることを示す点にある。この点について、『形而上学』三八一項の末尾で、彼は「したがって、無限への進行は、それが端的な原因なしに存在しなくてはならないはずなのに(§. 380)、端的な原因を持たなくてはならないのだから、不可能(§. 7)であり、この世界においても、どの世界においても想定されえない(§. 354, 58)」(M. §. 381)と述べている。

では、彼はどのようにこの結論に到達したのだろうか。彼の論証は、以下のように整理できる。まず、彼は、「無限への進行」を「互いの外に定立された、さらにそのうちのどれもが特定の観点において他方の原因であるような偶然的存在者からなる端的な原因がない系列」(M. §. 380)と定義する。つまり、「無限への進行」は、他の原因によって成り立つ無数の項からなる系列である。それゆえ、この系列全体がそもそも偶然的存在者であり、この系列の外にこの系列の原因がなくてはならない(Cf. M. §. 381)。けれども、彼によれば、この原因が偶然的存在者の場合でも必然的存在者の場合でも、不合理が生じてしまうという。まず、「無限への進行」の原因が偶然的存在者だとすれば、この存在者が成り立つためにも他の原因が必要となる。それゆえ、この場合、この原因は系列の外に置かれているのではなく、系列の一部分になってしまうことになる。次に、この原因が必然的存在者の場合、この原因は他の原因がなくても現存することができる。それゆえ、この原因によって系列が完結してしまうことになる。しかし、このことは、「無限への進行」、つまりそもそも完結しえない系列という概念には適合しない。

以上のように、彼の論証は、完結しえない系列の第一原因を追求することが不合理であることを指摘したものである。もちろん、この不合理に陥らずに世界全体を論じる方法はある。その方法とは、世界を構成する系列全体を、偶然的存在者ではなく、必然的存在者だと考えることである。そうすれば、世界の出来事は全て必然的であり、その出来事の根拠を探求する必要はなくなるからである。しかし、彼は、この立場をスピノザの汎神論的世界観と同一視し、この立場を回避しようとした。この点について、『形而上学』三八二項で、彼は、「《運命》とは世界における出来事の必然性である。世界の絶対的必然性に基づく運命は《スピノザ的運命》であろうが、それは不可解だろうし(§. 361, 105)、この世界においても、どの世界においても想定されえないだろう(§. 354, 58)」(M. §. 382)と述べている。それゆえ、彼は、世界が偶然的存在者であるという前提を保持しなくてはならなかったのである。他方で、「無限への進行」が不可能であるということも彼の世界論の前提である。これら二つの前提を保持した結果として、彼は、「系列の全体性」をめぐる問題に対しては、個々の偶然的存在者からなる系列をたどることで、世界の原因である「世界外存在者(ens extramundanum)」(M. §. 388)に到達することができるという立場を取ったのである。

とはいえ、彼の立場にも一つ大きな問題がある。それは、世界の外にある第一原因という概念を世界という系列の第一項という概念から十分に区別しきれていないことである。実際、「無限への進行」という概念の矛盾を指摘する先の論証は、まさにこの二つの概念を同一視することによって成り立っている。というのも、この二つの概念を同一視したからこそ、世界全体の第一原因があることが、完結しえない系列としての世界という概念と衝突するのである。それゆえ、この二つの概念をはっきり区別すれば、世界全体の第一原因が現存するというテーゼと、世界という系列を際限なくたどっていくことができるというテーゼを両立させることが可能になるはずである。先取りして言えば、上記の方法でこの二つのテーゼを両立させたのが、カントのアンチノミー論、特に第四アンチノミーの功績である。この点については、第二章と第六章で詳しく論じたい。

おわりに

では、本章の成果をまとめよう。本章では、バウムガルテンの『形而上学』の世界論の議論を概観した。その結果、バウムガルテンの世界論の特色として以下の四点が明らかになった。①世界論の対象は世界の部分と世界全体の二つであること、②世界論は存在論によって基礎付けられていること、③世界の部分を論じる際に、ライプニッツのモナド論、物体論が受容されていること、④世界全体について論じる際に、スピノザ的な世界観の回避が試みられていること。

まず、①と②に関して。「世界論」部門では、世界の部分と世界全体という二つの考察対象の双方を、「存在者」と重ね合わせることが議論の出発点となっていた。まず、第二節で見たように、「世界論」部門第一章「世界の肯定的概念」では、世界全体があらゆる存在者に共通の述語によって特徴づけられていた。さらに、第三節で見たように、世界の構成要素としてのモナドを導出するための議論も存在論によって基礎付けられていた。というのも、モナド概念は、存在者の「内的選言的述語」によって、「存在者一般」から、必然的存在者、偶有性、複合実体＝物体を区別することで、獲得されているからである。さらに、第七節の議論においても、存在者の「内的選言的述語」は重要な役割を果たしていた。というのも、「必然的存在者」と「偶然的存在者」という「内的選言的述語」によって、世界の原因と世界全体を区別していたからである。以上の点で、存在論は世界論を基礎付けていると言える。

次に③に関して。第四節と第五節で見たように、バウムガルテンは、ヴォルフとは対照的に、モナドの表象力や予定調和説に関するライプニッツの主張を受容していた。また、第六節で見たように、彼は、『形而上学』の「誕生」節において、ライプニッツ的な物体論を論じていた。この箇所の議論からは、モナド論が物体論を基礎付けるというライプニッツ的な論法をバウムガルテンが継承していたことを見て取ることができる。それゆえ、バウムガルテンのライプニッツ受容を適切な仕方で論じるためには、モナド論と物体論の双方の類似性に目を向けることが不可欠なのである。

最後に④に関して。バウムガルテンは、スピノザ的な宿命的世界観を回避しようとした。だが、その解決策は、「無限への進行」としての世界の概念を否定し、世界の原因を世界の外に存在する必然的存在者とみなすという素朴なものであった。

以上のことから、バウムガルテンの世界論では、「複合体」としての世界と「系列」としての世界の双方が論じられていたことが明らかになった。次章では、カントのバウムガルテン受容を考察することで、カントも世界を上記の二つの観点から論じていたことを明らかにしたい。

（1） Vgl. Wolff, C., *Ausführliche Nachricht von seinen eigenen Schrifften, die er in deutscher Sprache von den verschiedenen Theilen der Weltweisheit heraus gegeben*, ^{2}1733, in: Christian Wolff, Gesammelte Werke, 1. Abt. Bd. 9, Georg Olms, 1973, §. 22. S. 52f.

（2） Ebd.

（3） この点について、ライプニッツは以下のように述べている。「しかし他方、直接目で見たりさわって感じたりすることのできない物を言い表すには、ドイツ語には若干の不足がある。例えば、感情の動きや美徳・悪徳を表現するときや、倫理学と政治学に関わるさまざまな事柄を表現する場合がそうである。さらに英知を愛する者が思考術と事物に関する一般論（この二つはLogick〔論理学〕とMetaphysick〔形而上学〕という名で呼ばれる）において話題とするような、さらに抽象的で高尚な認識を表現するときに、ドイツ語の欠陥が目につく。これらはすべて、一般のドイツ人には少し縁遠くあまり聞き慣れないものであったし、また学識者と廷臣たちはこれらを表現する際にほとんどもっぱらラテン語などの外国語を用い、外国語を濫用しすぎてきたのである」。高田博行／渡辺学（編訳）『ライプニッツの国語論　ドイツ語改良への提言』、法政大学出版局、二〇〇六年、四四頁以下。なお、ライプニッツの国語論の概要を知るためには、以下の論文が参考になる。高田博行「ライプニッツによるドイツ語改良のシナリオ——思想史と言語史の交点——」（酒井潔／佐々木能章／長綱啓典（編）『ライプニッツ読本』、法政大学出版局、二〇一二年、一四五—一五五頁）。

（4） Wolff, *a. a. O.*, §. 17. S. 29-35.

（5） これらの人工語のリストは、同時代人ルードヴィッキによって作成されている。このリストは現在でも見ることができる。Vgl. Ludovici, C. G., *Ausführlicher Entwurf einer vollständigen Historie der Wolffischen Philosophie, zum Gebrauche seiner Zuhörer*, Leipzig, ^{3}1738, reprinted, Georg Olms, 1977, §. 99f. S. 78-100.

（6） Meier, G. F., *Metaphysik*, Erster Theil, Halle, ^{2}1765, in: Christian Wolff, Gesammelte Werke, 3. Abt. Bd. 108. 1, Georg Olms, 2007, Vorrede, S. ii.

（7） この点について、マイヤーは同書の序文で以下のように述べている。「本書における私の狙いは、形而上学の有用で実践的な諸概念と諸真理を論じること、しかも、実り豊かで根本的であるのみならず、もともとこの学に携わる気がある者なら誰にでもわかりやすくて、理解可能な仕方で、これらを論じることである」。Meier, *a. a. O.*, Vorrede, S. ii. さらに、彼は序文のiii頁からv頁にかけて、同書で論じる主題の選定基準についておよそ以下のような説明を行っている。彼によれば、学問的真理は、1. いまだ発見されていない真理、2. すでに発見されているが、それが有用かどうか判定されていない真理、3. すでに発見されており、それが有用であることも裏付けられている真理、の三つに区分されるという。その上で、彼は、2. のタイプの真理と3. のタイプの真理を区別する重要性を説き、2. のタイプの真理は、あくまでも省略可能な付論にとどめるのがよいとしている。この方針を踏まえ、彼は、「私の存在論においては、ただ第三のクラスの諸真理(=3. のタイプの真理)のみを論じるように努力した」と述べている。Meier, *a. a. O.*, Vorrede, S. v. 確かに、この引用文は、あくまでも第一部「存在論」の方針を述べたものである。しかし、第二部「世界論」においても、マイヤーがこの基準にしたがって予定調和説の検討を省略していることを確認できる。この点については、注26を参照のこと。この主題の選定基準を把握しておくことは、バウムガルテンの『形而上学』とマイヤーの四巻本『形而上学』との間の微妙な構成上の相違を考察する際には、きわめて重要であると思われる。

(8) 原文は、MUNDUS (cf. §. 91, 403, 434, universum, ***παν***) est series (multitudo, totum) actualium finitorum, quae non est pars alterius. なお、原文のMUNDUSにバウムガルテン自身は die gantze Welt というドイツ語訳を付している。

(9) Meier, G. F., *Metaphysik*, Zweyter Theil, Halle, ^{2}1765, in: Christian Wolff, Gesammelte Werke, 3. Abt. Bd. 108. 2, Georg Olms, 2007, §. 293. S. 24.

(10) Vgl. Meier, G. F., *Metaphysik*, Erster Theil, Halle, ^{2}1765, in: Christian Wolff, Gesammelte Werke, 3. Abt. Bd. 108. 1, Georg Olms, 2007, §. 50. S. 90.

(11) Meier, *a. a. O.*, §. 54. S. 97.

(12) Vgl. Ebd.

(13) この点について、檜垣は「要するに、「実在性」は「存在」ではないが、「存在」は「実在性」である。「存在」は部分概念として「実在性」の領域の中に属する」と述べている。檜垣良成『カント理論哲学形成の研究――「実在性」概念を中心として――』、渓水社、一九九八年、二一頁。檜垣が exsistentia を「存在」と訳出していることを考慮すれば、上記の記述は的確だと思われる。なお、同書の三七〇―三九九頁には、バウムガルテンの『形而上学』の一項から一〇〇項までの日本語による訳注が収録されている。

(14) この点について、マイヤーは『形而上学』一四〇項で以下のように述べている。「したがって、汎通的規定は現実性から区別されている。そして、汎通的規定は自らの内に現実性よりも多くのものを含むのである。現実性は、本質を自らの内に含まないし、関係に関する物の規定も必然的に含むわけではない(§. 60)。しかし、汎通的規定は、自らの内に、現実性に属するあらゆる規定を含み、さらになお本質に属する規定だけでなく、物にその関係に関して帰属するような規定さえも含むのである。確かに、後に証明されるように、あらゆる現実的な物が汎通的に規定されており、また、あらゆる汎通的に規定された物が現実的であることは認めなくてはならない。しかし、それにもかかわらず、汎通的規定は現実性からなおも区別されなくてはならない」。Meier, *a. a. O.*, §. 140. S. 231f. なお、『形而上学』六〇項で、マイヤーは、「しかし、我々はここであらゆる可能な事例に及ぶ現実性の定義を与えなくてはならない。さて、神は自らの外に何も存在しなくても、現実的でありうるだろう。そしてその場合、神はどんな諸関係もなしに現実的であろう(§. 49)。したがって、諸関係は現実性の概念に必然的に属するわけではない」と述べている。Meier, *a. a. O.*, §. 60. S. 104f. この記述を考慮した場合、一四〇項でマイヤーが「現実性」と「汎通的規定」の間に落差を設けたのは、「現存」を有限な「存在者」だけでなく、神にも妥当させるためだったと考えられる。

(15) とはいえ、モナドの属性については、バウムガルテンはライプニッツの見解をほぼ踏襲している。この点は『形而上学』の「存在論」部門、第二章第一〇節「モナドについて」から裏付けられる。この章では、モナドと複合体の区別、モナドが神の創造と無化によってのみ発生消滅すること、モナドは単独では空間と時間を占めないことといったライプニッツ的なモナド論の基本教説が論じられている。なお、この章の議論とライプニッツのモナド論の対応関係を論じた論文としては、Mirbach, D., Die Rezeption von Leibniz' Monadenlehre bei Alexander Gottlieb Baumgarten, in: Neumann, H. P. (hrsg.), *Der Monadenbegriff zwischen Spätrenaissance und Aufklärung*, de Gruyter, 2009, S. 271-300 が挙げられる。

(16) ヴォルフがモナドの表象性格を否定したことは、当時の共有見解であった。この点を扱った代表的な論文としては、Casula, M., Die Lehre von der prästabilierten Harmonie in ihrer Entwicklung von Leibniz bis A. G. Baumgarten, in: *Akten des II. Internationalen Leibniz-Kongresses, Hannover, 17-22. Juli, 1972*, Steiner Verlag, 1975, Bd. 3, S. 397-415 がある。同論文において、ヴォルフはあらゆるモナドは「表象力(vis repraesentativa)」を備えているというライプニッツの主張を退け、魂に固有の「知覚力(vis perceptiva)」と身体や物体に固有の「運動力(vis motrix)」という二種類の力を区別したとカスラは主張している。なお、この論文については、以下の拙論で紹介した。増山浩人「カント批判哲学の前史——一八世紀ドイツにおけるライプニッツ受容とヒューム受容――」、『研究論集』(北海道大学大学院文学研究科編)、一三号、四三―六一頁、二〇一三年。とはいえ、ヴォルフがどの程度、またどのような仕方でモナドの表象性格を否定していたかという点に関しては、依然として議論の余地はあると思われる。

(17) Baumgarten, A. G., *Metaphysik*. Ins Deutsche Übersetzt von G. F. Meier, Nach dem Text der zweiten, von J. A. Eberhard besorgten Ausgabe 1783. Mit einer Einführung, einer Konkordanz und einer Bibliographie der Werke A. G. Baumgartens von D. Mirbach, Jena, 2004, S. 84f.

(18) Meier, G. F., *Metaphysik*, Zweyter Theil, Halle, ^{2}1765, in: Christian Wolff, Gesammelte Werke, 3. Abt. Bd. 108. 2, Georg Olms, 2007, §. 367. S. 151.

(19) Ebd.

(20) Vgl. Meier, G. F., *Beweis der vorherbestimmten Übereinstimmung*, Halle, 1743, §. 12. S. 22.

(21) Meier, *a. a. O.*, §. 12. S. 26.

(22) マイヤーは、ライプニッツを観念的影響について判明な説明を与えた最初の哲学者とみなしていた。彼は「この観念的影響をはじめて判明に定義したライプニッツは、観念的影響をまさにこうした仕方で規定している」と述べている。Meier, *a. a. O.*, §. 12. S. 23. その上で、彼はライプニッツの『弁神論』第一章第六六節の以下の箇所をドイツ語で引用している。「もっとも、能動と受動は被造物にあっては常に相互的なものである。というのも、ある出来事を判明に説明するために役立ち、それを現存させるためにも役立っている諸根拠の一部は、一方の実体においてあり、そのための諸根拠の別の一部は他の実体においてあるからである。しかも完全性と不完全性はいつも混淆し、両方の実体に分配されている。こうして、我々は作用を一方の実体に、受動を他方の実体に帰するのである」。Leibniz, G. W., *Die philosophischen Schriften von Gottfried Wilhelm Leibniz*, herausgegeben von C. I. Gerhardt, Bd. 6, Weidmannsche Buchhandlung, 1885, S. 139.

(23) とはいえ、この両立可能性はどのように説明されうるのか。この点について、『形而上学』の「自然神学」部門においておよそ以下のような議論が行われている(Vgl. M. §. 954)。確かに、予定調和説によれば、この世界の実体の変化は、当の実体自身の力によって生じる。しかし、この実体がそもそも存在し続けられるのは、神が創造以後もこの実体に実在的に作用し、これを「維持(conservatio)」しているからである。したがって、神による諸実体の「維持」は、諸実体が自らの状態を変化させるための前提条件なのである。このことから、バウムガルテンは予定調和説を世界の諸実体と神の「協働(concursus)」

の理論として位置づけている。

(24)『予定調和の証明』において、マイヤーは、普遍的物理影響説には「いかなる有限な実体も作用しない」という命題と「有限な諸実体のいくつかの変化は、現実的な作用である」という二つの互いに矛盾する命題が含意されていることを指摘する。この点を踏まえ、マイヤーは「したがって、普遍的物理影響説は再び自分自身と衝突する。この学説は外から襲撃されずとも、自身を破壊し、おのずからバラバラになってしまうのである」と述べている。Meier, *a. a. O.*, §. 37. S. 73-74.

(25) 引用文中で「帰結を持つ」という訳語を当てたのは、ラテン語の形容詞fecundusの女性、単数、主格形fecundaである。fecundusはドイツ語fruchtbarとほぼ同義であり、実り豊か、多産なといった意味で使用される。ただし、バウムガルテンは、fecundusやその派生語であるfecunditasをある根拠から導出される帰結の数の多さという意味で使用していた。この点は、『形而上学』一六六項で彼がfecunditasを「諸帰結の数に基づく根拠の量」(M. §. 166)と定義し、fecunditasにFruchtbarkeitという訳語を当てていることからも裏付けられる。この点を踏まえ、引用文のfecundaを「帰結を持つ」と訳出した。

(26) ここで興味深いのは、マイヤーの『形而上学』では、以上の予定調和説、物理影響説、機会原因説に関する議論がごっそり省略されていることである。この理由について彼は以下のように述べている。「我々はこの深遠な題材(=予定調和説、機会原因説、物理影響説のどれが正しいかという題材)には触れないでおこうと思う。なぜなら、人間の認識の現在の度合いにしたがえば、あらゆる実践的諸学において、我々がある見解か他の見解のどちらを選ぶかは重要ではないかもしれないからである。確かに、我々はこれらの諸見解のどれもを、忌むべき帰結によって、憎らしいものにしようとしてきた。また、一方あるいは他方の見解がきわめて危険であることを否定もできない。しかし、人間の幸福のためにある学説が有用であるかどうかに目を向けるならば、世界におけるあらゆる諸実体が、最善世界において可能な位によく互いに作用しあっているということを知るだけで我々には十分なのである。たとえ、我々がどのようにこれらの実体が互いに作用しあうかを理解できないとしても、それは変わりない」。Meier, G. F., *Metaphysik*, Zweyter Theil, Halle, ^{2}1765, in: Christian Wolff, Gesammelte Werke, 3. Abt. Bd. 108. 2, Georg Olms, 2007, §. 442. S. 268.

　上記の引用文からは、マイヤーが「世界論」部門においても、注7で説明した主題の選定基準を適用していることが確認できる。前述のように、マイヤーはこの書で扱う論題を、すでに発見され、有用であることが裏付けられる真理に限定すると述べていた。その真理とは、注7で説明した3.のタイプの真理である。そして、この引用文では、予定調和説が扱われないのは、この説が最善かどうかは、人間の幸福のためには必ずしも重要ではないからだとされているのである。つまり、マイヤーは、予定調和説に関する議論を、注7での2．のタイプの真理に属するとみなしていた。したがって、有用性を基準に主題を選定するというマイヤーの基本方針によって、この箇所では予定調和説の詳細な検討が省略されているのである。

(27) Meier, *a. a. O.*, §. 378. S. 171.

(28) 多くの研究者がmonadatumという語の訳出には苦労しているようである。二〇一三年に出版された英訳版では、monadatum、あるいは複数形のmonadataという原語がそのまま保持されている。その経緯について、編者のファゲートとハイマーズは、編者序文で「この語は「諸モナドから成り立っているもの(a being composed of monads)」を意味する。英語にはこの意味を持つ語はないので、我々はラテン語の術語を保持した。Monadataというようにこの術語を我々はラテン語式に複数形にもした」と説明している。Baumgarten, A. G., *Metaphysics. A Critical Translation with Kant's Elucidations, Selected Notes, and Related Materials*, Fugate, C. D.; Hymers, J. (trans.), Bloomsbury, 2013, p. 62. また、ミルバッハはmonadatumにein aus monaden Bestehendesという訳語を当てている。Vgl. Mirbach, *a. a. O.*, S. 291. なお、二〇一一年に出版された羅独対訳版では、monadatumにMonadenverbund（モナド結合体）という訳が当てられている。Vgl. Baumgarten, A. G., *Metaphysica / Metaphysik*, Historisch-kritische Ausgabe, übersetzt, eingeleitet und herausgegeben von Günter Gawlick und Lothar Kreimendahl, Frommann Holzboog, 2011, S. 219. 本書では、monadatumという表現が一つの名詞であることを考慮し、「モナド複合体」という訳語を採用した。

(29) バウムガルテンは、『形而上学』二八九項において、「互いに離れた諸面の間に挿入された諸面からなる連続的な系列が《数学的塊》(数学的物体、cf. §. 296)である」(M. §. 289)と述べている。さらに、二八九項で参照指示が行われている二九六項で、彼は「運動力が付与された物質が物理的《物体》(cf. §. 289, 第二質料、cf. §. 295)であり、実体化された現象(§. 295, 201)である」(M. §. 296)と述べている。同様の説明は、マイヤーの『形而上学』にも見られる。彼は『形而上学』二二二項で、数学者の考える抽象的な線、面、物体について、「第一のものは数学的線であり、他方のものは数学的面であり、第三のものは数学的物体である」と述べている。Meier, G. F., *Metaphysik*, Erster Theil, Halle, ^{2}1765, in: Christian Wolff, Gesammelte Werke, 3. Abt. Bd. 108. 1, Georg Olms, 2007, §. 222. S. 360. さらに、彼は同書の二二六項で「運動力を保有する物質は物理的物体、あるいは世界において現実に存在するような物体と呼ばれる」とも述べている。Meier, *a. a. O.*, §. 226. S. 365. このように、バウムガルテンとマイヤーは、「数学的物体」と「物理的物体」に関してほぼ同じ仕方で説明している。

(30) Meier, G. F., *Metaphysik*, Zweyter Theil, Halle, ^{2}1765, in: Christian Wolff, Gesammelte Werke, 3. Abt. Bd. 108. 2,

Georg Olms, 2007, §. 379. S. 172f.

(31) Ebd.

(32) Ebd.

(33) Ebd.

(34) Meier, *a. a. O.*, §. 383. S. 180.

(35) Meier, *a. a. O.*, §. 386. S. 182f.

(36) Meier, G. F., *Metaphysik*, Erster Theil, Halle, ²1765, in: Christian Wolff, Gesammelte Werke, 3. Abt. Bd. 108. 1, Georg Olms, 2007, §. 221. S. 358.

(37) Leibniz, G. W., *Die philosophischen Schriften von Gottfried Wilhelm Leibniz*, herausgegeben von C. I. Gerhardt, Bd. 2, Weidmannsche Buchhandlung, 1875, S. 135.

(38) Leibniz, *a. a. O.*, S. 118.

第二章　カントにおける世界考察の方法

はじめに

前章では、バウムガルテンが世界を「複合体」と「系列」という二つの観点から考察していることを示した。この成果を踏まえ、本章では、主にカントの形而上学に関する講義録とレフレクシオーンを手がかりに、バウムガルテンと同様、カントも世界を「複合体」と「系列」という二つの観点から考察していたことを明らかにする。そのために、以下では、カントが「世界の質料」、「世界の形式」、「世界の全体性」という三つの観点から世界を考察していたことに着目したい。議論は以下の順序で進められる。第一節では、カントが上記の三つの観点から世界を考察していたことの典拠を示す。第二節では、カントがこれら三つの観点を導入した目的を明らかにする。

第一節　「世界の質料」、「世界の形式」、「世界の全体性」という三分法の典拠

では、この三分法はアカデミー版カント全集のどの箇所で用いられているのだろうか。まず、公刊著作の中では、一七七〇年の『就職論文』の冒頭部を挙げることができる。『就職論文』の一項で、カントは世界を以下のように定義している。「実体的複合体において、分析が終わるのは、全体でない部分、つまり《単純なもの》においてのみであり、総合が終わるのは、部分ではない全体、つまり《世界》においてのみである」(II 387)。さらに、この定義の説明を終えた後、二項の冒頭部で、「世界の定義の際に注意されなくてはならない諸契機」(II 389)として、「(超越論的な意味での)質料(materia (in sensu transcendentali))」(ibid.)、「形式(forma)」、「包括性(universitas)」の三つを挙げている。カントによれば、「質料」とは実体とみなされた諸部分、「形式」とは「諸実体の同位的秩序」、「包括性」とは「共存する諸部分の絶対的一切性(omnitudo compartium *absoluta*)」であるという(Cf. II 389-392)。このことから、「世界の質料」は複数の実体、「世界の形式」は実体間の相互関係、「世界の包括性」は世界を構成する諸部分の全部、と位置づけることができるだろう。

さらに、上記の三分法は、一七七〇年代の講義録やレフレクシオーンにも見出される。例えば、一七六九年末から一七七〇年秋頃のものとされるレフレクシオーン四二〇一には以下のような記述がある。「世界の概念には以下のことが属する。1・質料的なもの、つまり実体の複数性。唯我論的世界は世界ではない。2・形式的なもの、つまり全体を構成する限りでの諸実体の実在的連結、同位的秩序(その原因の下での従属的秩序ではない)。3・否定的に規定された関係、つまり他の全体の部分ではないこと。あるいは全体性」(XVII 454)。この引用文で

は、世界の概念の構成契機として、「質料的なもの」、「形式的なもの」、「全体性」という三点が挙げられている。ただし、三番目の契機を示すために「全体性(Totalität)」という『就職論文』とは異なる表現が使われている。しかし、両者とも世界の絶対的全体性という性格を指し示している点で、ここでの「全体性」は、『就職論文』の「包括性」とほぼ同義である。したがって、この引用文も、当時のカントが「世界の質料」、「世界の形式」、「世界の全体性」という三分法に依拠して世界を考察していたことの典拠となるだろう。

また、一七七〇年代後半のものとされる『形而上学講義L_1』(以下、『L_1』)「世界論」でもこの三分法は見出される。『L_1』「世界論」の冒頭部では、限界概念と関係概念を手引きに、世界の定義が行われている。この箇所で挙げられている関係概念は、「実体と偶有性」、「原因と結果」、「全体と部分」の三つである(Vgl. XXVIII 195)。これらの概念は、様々な諸物の認識の系列をたどっていく際に使用される。例えば、舟が川を下る原因は風であり、風が吹く原因は気圧が不安定なことであるといった形で、結果から原因へ向かって因果系列をたどっていくことができる。さて、この系列を完結させるためには、もはや他のものの結果でない原因、つまり第一原因が必要である。それゆえ、「第一原因」が原因と結果に関する限界概念である。そして、残る二つの関係概念に基づく認識の系列を完結させるためにも、限界概念が必要である。この点については、『L_1』では、以下のように記されている。「――実体と偶有性の関係において、実体的なものが、もはや他のもののいかなる偶有性でもないものである。――原因と結果との関係においては、第一原因が他のものの結果でもないような限界概念である。――全体と諸部分という第三の関係においては、もはや他の全体のいかなる部分でもないような全体が限界概念である。そして、それは世界の概念である」(XXVIII 195)。この箇所からは、世界の概念が、「実体的なもの」、「第一原因」とともに、認識の系列を完結させるための限界概念とされていることが読み取れる。それは、世界の概念が全体と部分の概念に基づく認識の系列(ex. 北海道は日本の部分であり、日本は地球の部分である……)を完結させる役割を担っているからである。さらに、限界概念に関する議論の後で、世界の「質料」と「形式」に関して以下のような記述がある。「世界全体において、我々は以下の二点に注目する。1．質料、それは諸実体である。2．形式、それは複合、すなわち多の連結である」(Ebd.)。したがって、『L_1』においても、「世界の質料」、「世界の形式」、「世界の全体性」という三分法に基づいて世界の考察が行われていることは明らかである。

以上のことから、一七七〇年代のカントが「世界の質料」、「世界の形式」、「世界の全体性」という三分法に依拠して世界を論じていたとは言える。講義録である『L_1』はともかく、公刊著作である『就職論文』とレフレクシオーンにおける記述はカントの直筆だからである。ただ、これらの証拠を挙げるだけでは、カントがこの三分法を使用していたのは一七七〇年代だけであり、この三分法は一七八〇年以降の批判期には放棄されたのではないか、という反論が提出されるかもしれない。この反論に答えるためには、一七八〇年以降にカントがこの三分法に言及していた証拠を挙げる必要があるだろう。

だが、一七八〇年代以降のカント直筆の資料においてこの三分法はほとんど見出されない。実際、三批判書をはじめとする公刊著作、および一七八〇年以降の形而上学に関するレフレクシオーンにおいて、この三分法に関する言及はほぼない。ただし、一七八〇年以降の形而上学に関する講義録において、この三分法に言及しているものがある。その一例としては、一七九二年から一七九三年のものとされる『ドーナ形而上学』の「世界論」が挙げられる。この講義録では、世界が「諸実体の絶対的全体」(XXVIII 657)と定義された上で、上記の三分法について以下のように記されている。

1．世界における質料的なものは複数の実体であり、複数の偶有性ではない。(唯我論的世界――唯我論者は、自分がただ唯一の現存する存在者だと想定する者であり、それゆえ、唯我論的世界は形容矛盾である)。

2．形式的なものはこれらの実体の**実在的**連結である。実在的連結は相互影響（能動と受動）である。――結合のない諸実体の集合（集合は孤立した諸部分から成り立ちうる）は、いかなる世界もなさない。したがって、世界は、諸実体の全てと定義されてはならず、むしろ諸実体の全体と定義されなくてはならない。世界の概念における三つ目の契機は、絶対的全体性である。しかし、この絶対的全体性は、我々にきわめて大きな困難をもたらす。その困難とは、絶対的全体性は、この概念に対応するいかなる可能的経験の対象も提示されえない概念、つまり理念だということである。確かに我々は絶対的全体性を思惟することはできるが、この全体性を与えることはできない。（Ebd.）

上記の引用文は、『就職論文』二項やレフレクシオーン四二〇一の記述といくつかの点で類似している。まず、「世界の質料」について言及する際に、「唯我論者」批判を行っている点で、これらの資料は類似している。また、世界の実体間の連結が観念的ではなく実在的でなくてはならないとされている点でも、これらの資料は類似している。次節で詳しく論じるが、この二点はカントが伝統的世界論と対決する際に重要な争点となる。

また、一七八二年から一七八三年頃のものとされる『ムロンゴヴィウスの形而上学』の「世界論」の冒頭部でも、「世界の質料」、「世界の形式」、「世界の全体性」の三分法に依拠して世界が論じられている。この箇所では、バウムガルテンによる世界の定義についてかなりまとまった量の逐語注解が行われている。ただし、以下では、上記の三分法の痕跡をたどるために必要な箇所だけを取り上げる。まずこの箇所には、「さて、世界の形式は諸実体の連結である。世界が諸実体の連結ならば、私は世界を唯我論的に考えることはできない。つまり、私は、私が世界である、と言うことはできない」（XXIX 851）という記述がある。この記述では、「世界の質料」を複数の実体、「世界の形式」をこれらの実体の連結とみなすことで、「唯我論者」批判が行われている。さらに、その後の議論で、「この世界の形式は実在的連結である」(Ebd.)ことと、「世界はいかなる相対的全体でもなく、形而上学的意味での絶対的全体である」(Ebd.)ことが指摘される。以上の議論は、『就職論文』やレフレクシオーン四二〇一の記述とも類似している。それゆえ、この講義録でも、上記の三分法は保持されていると言えるだろう。

以上の議論から、批判期のカントも上記の三分法に基づく世界考察の方法を保持していた可能性はかなり高いことが推測される。確かに、カント直筆の資料に上記の三分法に関する直接的な言及はほぼない。ただし、批判期に行われたカントの講義を記録した複数のノートに上記の三分法に関する記述があったのも確かである。となると、大学で講義を行う際には、批判期のカントもこの三分法を用いて世界を論じていたと言えるのではないか。もちろん、一七八〇年以降、カントの直筆の資料においてこの三分法が登場しないという事実は十分考慮されなくてはならないだろう。ただ、この問題を一旦脇に置き、次節では、カントが上記の三分法を導入した狙いを確認していこう。

第二節　「世界の質料」、「世界の形式」、「世界の全体性」という三分法の導入の目的

本節では、カントが「世界の質料」、「世界の形式」、「世界の全体性」という三つの観点を導入した目的を明らかにする。そのために、これら三つの観点が導入された背景について論じる。ただし、この三つの観点の理解の仕方、特に「世界の形式」の解釈の仕方は、前批判期のカントと批判期のカントの間に大きな相違がある。そこで、本節では、こうした相違点を一旦脇に置いて、前批判期のカントと晩年のカントに共通する世界を考察する

際の方法を明らかにしたい。

まず、「世界の質料」に関して。どの時期のカントも、原則的には、「世界の質料」は複数の実体であると主張していた。カントが「世界の質料」をこのように特徴付けたのは、世界にはただ一つの実体しか存在せず、しかもその実体は思惟する実体としての自分自身であると主張する「唯我論」を退けるためである。そして、カントは「唯我論者」の代表格としてしばしばスピノザ主義者を挙げている。例えば、一七六四年から一七六六年頃のものとされるレフレクシオーン三八〇三において、カントは「全てのスピノザ主義者は唯我論者である。全ての唯我論者が必然的にスピノザ主義者かどうかが探求される」(XVII 297)と書き残している。さらに、一七七六年から一七七八年頃のものとされるレフレクシオーン五三九四でも、カントは「観念論は神秘的である。唯我論がスピノザ主義的であるのは、唯我論が独断的に擁護される場合である。唯我論の擁護が懐疑的である場合、つまり単に蓋然的である場合、唯我論は理性の吟味法である」(XVIII 170)と記している。このように、カントが「世界の質料」を複数の実体であると主張するのは、スピノザ的な世界観に対抗するためであると考えられる。

以上の説明は、『L_1』の「世界の諸部分について」における「唯我論」の解説によって補強されうる。この箇所では、「唯我論」が独断的な「唯我論」と蓋然的な「唯我論」に区分される。独断的な「唯我論」とは、自分以外の存在者は存在しないと本気で主張する立場であり、蓋然的な「唯我論」とは、他の存在者が本当に現存するかを改めて吟味するために、あえて自分以外の存在者の現存に懐疑を向ける立場のことである。この点については、「唯我論と観念論は哲学において二通りの意味で、つまり、蓋然的なものか独断的なものという二通りの意味で理解されうる。蓋然的であるのは、確実性の強度の吟味のための懐疑的試み、しかも、唯我論の他の存在者の現存に関する懐疑的試みと観念論の我々の外なる物体的存在者の現存に関する懐疑的試みだけである。これらは、私の感官の信頼性に対する懐疑的試みである」(XXVIII 206)という説明が行われている。その上で、独断的な「唯我論」とスピノザ主義が同一視されている。この点は、「独断的唯我論は隠れたスピノザ主義である。スピノザはただ一つの存在者しか存在せず、残りの全ては唯一の存在者の変容であると述べている」(XXVIII 207)という記述から読み取ることができる。もちろん、上記のスピノザ主義に関する説明が、他の箇所のカントのスピノザ理解と相関関係にあるか、という問題については議論の余地がある。また、カントにおける「唯我論」、あるいは「唯我論者」という用語の用法が以上の文脈に尽きないという点にも十分注意を払う必要がある[1]。それでも、カントが、世界には神という一つの実体しか存在しないと主張するスピノザ的見解に対抗するために、「世界の質料」を複数の実体と位置づけていたことは明らかだろう。

次に「世界の形式」に関して。前述のように、世界は複数の実体からなる「実体的全体」である。それゆえ、世界の成立条件を説明するためには、「世界の質料」である複数の実体がいかにして一つの全体をなすのかという問いに答えなくてはならない。これが「世界の形式」に関する問題である。だが、「世界の形式」を論じる際のカントの態度には大きな変遷がある。この変遷については、第五章で「第三類推論」を扱う際に取り上げる。ただし、「世界の形式」を論じる際にも、カントはある態度を一貫して保持し続けてきた。その態度とは、批判期の意味での叡智界を論じる場合を除き、実体間の相互性の説明原理として、物理影響説を支持し続けたことである。というのも、カントは、世界が本当に一つの全体であるためには、世界を構成する諸実体の間に観念的影響関係ではなく、実在的影響関係がなくてはならないと考えていたからである。このことは、様々な時期のカントの公刊著作や講義録から読み取れる。

その一例としては、『就職論文』の二項を挙げることができる。この箇所で、カントは世界を構成する実体間の形式は「従属的秩序」ではなく、「同位的秩序」でなくてはならないと述べている(Cf. II 390)。ここでの実体間の「同位的秩序」とは、世界を構成するある実体は、一つの全体をなすために、他のあらゆる実体と相互に関係しあっているということに他ならない。その上で、カントは「この同位的秩序は実在的かつ客観的とみなされており、観念的で単に主観の恣意によって支えられているとみなされない。主観の恣意によって何らかの多が希望通りに合算されることで、全体が作り上げられるとしてもそうである。というのも、複数のものを総括することで難なく表象の全体が作られるが、だからといって全体の表象が作られるわけではないからである」(II 390)と述べている。この引用文では、実体間に観念的影響関係しかない場合、これらの諸実体が一つの世界をなすことはないと明言されている。というのも、カントにとって、実体間の観念的影響関係に基づく全体は、主観によって恣意的に設定された「表象の全体」(ibid.)でしかなく、「全体の表象」(ibid.)、つまり、真の意味での全体に値しないからである。

以上の論点については、『ムロンゴヴィウスの形而上学』でも、詳しい説明がなされている。まず、この講義録では、実体間の実在的連結が「諸実体が相互に作用しあう場合の諸実体の相互性」(XXIX 866)、実体間の観念的連結が「相互性を欠いた実体間の調和(harmonia substantiarum absque commercio)」(Ebd.)と特徴付けられている。その上で、実体間の観念的連結について、実例をまじえて以下のように説明されている。「観念的連結は、諸物そのものにおける連結ではなく、諸物を観察する観察者の理念にのみ存する連結である。例えば、私はきわめて心地よい音楽を聴く時、私は私の聴覚において全ての楽器の調和を感じる。さてしかしながら、この調和は単に私と私の思想の内にのみある。しかし、諸楽器は互いに少しも調和していない」(Ebd.)と記されている。この箇所では、諸実体の観念的連結が、オーケストラでの複数の楽器間の関係になぞらえられている。この説明から、実体間の観念的連結をカントは以下のようなモデルで理解していたと言えるだろう。諸実体間の個々の状態が互いに調和しあっていれば、観察者にとってこれらの状態は一つの全体をなしているように見える。それはちょうど、聞き手や指揮者にとって、オーケストラの楽器が奏でる音がそのつど一つの全体をなしているように聞こえるようなものである。しかし、互いに因果的に作用しあっていない以上、これらの諸実体は実際には一つの全体をなしているわけではない。それはちょうど、オーケストラで個々の楽器が他の全ての楽器に因果的に影響を及ぼしていないがゆえに、これらの楽器が一つの全体をなすことはないようなものである。

以上のように、カントは、実体間の観念的連結によって生じる全体は、観察者の有無によってその存立が左右されるようなものでしかないと考えていた。これが、カントが一貫して物理影響説を支持した理由である。しかし、カントは従来の物理影響説にも問題があると考えていた。この点について、例えば、『就職論文』の一七項で、カントは「まさしくここにこそ、その通俗的な意味における物理影響説の最初の誤謬がある。つまり、物理影響説は諸実体の相互作用と移行する力を、諸実体が現存することによってだけで十分に認識できると根拠もなく想定しているのである」(II 407)と述べている。実体は定義上、他の存在者から独立して現存する。それゆえ、複数の実体が現存するだけでは、これらの実体が相補関係にあることは帰結しない。つまり、カントは、実体が他に依存しないものであるということが十分に考慮されなかった点に従来の物理影響説の欠陥を見出していたのである。だが他方で、カントは、この欠陥を取り除くことができれば、「我々は、唯一実在的と言われうるに値し、またそこから世界の全体が実在的であり、観念的でも想像的でもないと言われるに値する類いの相互性を持つ」(ibid.)とも付け加えている。その上で、以後の一八項から二二項では、物理影響説を改善するための具体的な方策が提示されるのである。こうした物理影響説に対する両義的な態度は、一七五五年の『新解明』以来、一貫したものである。それゆえ、カントが「世界の形式」を論じる際の一番の関心事は、実体間の相互関係の説明原理としての物理影響説を改善することであったと言えるだろう。

最後に、「世界の全体性」に関して。残りの二つの観点が「複合体」としての世界にかかわるのに対し、この観点は「系列」としての世界にかかわる。そして、バウムガルテンと同様、カントも「世界の全体性」を論じる際に、通俗的な意味でのWeltと世界論の対象としてのWeltを区別しようとしていたのは確かである。この点は、レフレクシオーン四二〇一での「どの全体においても、全体性は相対的だが、世界において全体性は絶対的である。地球は全体性を持つ。そして、地球のあらゆる部分を総括すると、相対的全体性を持つ。しかし、地球そのものは依然として部分であり、したがって、地球はいかなる絶対的全体性も持たない」(XVII 454)というカント直筆の記述をはじめ、多くの典拠から裏付けられる。他方で、カントは、「系列」として見られた世界が人間にとって本当に把握可能なものなのかを問い続けてきた。つまり、バウムガルテンとは異なり、カントは、ドイツ語Weltの語義に関する問題だけでなく、世界の持つ「系列の全体性」としての側面に関する純哲学的な問題にも目を向けたのである。この点に、カントの世界論の特色の一つを見て取ることができると思われる。

　この問題に対する取り組みの一例としては、『就職論文』二項での世界の「包括性」に関する議論を挙げることができる。この箇所で、カントは「包括性」を「共存する諸部分の絶対的一切性」(II 391)と位置づけた上で、以下のように述べている。「この絶対的全体性は、定義に見られるように否定的に述べられた場合は特に、身近でありふれた概念のように思われるかもしれない。しかしより立ち入って考えてみると、それは哲学者に十字架を背負わせると思われる」(ibid.)。この引用文では、世界の「絶対的全体性」を「他の全体の部分ではない全体」といった否定的な形で定義する哲学者が暗に批判されている。このように述べる際にカントが特に念頭に置いていたのは、「他の系列の部分ではない有限な現実的なものどもの系列(集合、全体)」(M. §. 354)というバウムガルテンの世界の定義であると考えられる。確かに、バウムガルテンのように世界の「絶対的全体性」を否定的な形で定義することで、この概念を説明することにある意味で貢献することができるかもしれない。というのも、このように定義することによって、世界論の対象でない世界、特に地球や大地といった通俗的な意味でのWeltを除外することができるからである。けれども、世界の「絶対的全体性」がそれ自体で何であるかを肯定的に定義しようとするやいなや、途方もない困難に陥ってしまうというのが、上記の引用文の主旨である。

こうした困難が生じる理由について、カントは「永遠にわたって互いに継起しあう宇宙の諸状態の決して完結することのない系列が、どのようにして一括してあらゆる変化を包括する全体へともたらされうるかを理解することが困難だからである」(II 391)と述べている。ここで指摘されているのは、完結しえない無限の系列という概念と絶対的全体の概念とが両立不可能であることである。定義上、完結しえない無限の系列は終項を持ちえない。しかし、系列の背進を続けることができる以上、現時点で到達した系列は他の系列の部分でしかありえなくなる。それゆえ、終項を欠く系列という概念は、他の系列の部分ではないという「絶対的全体性」の要件を満たすことができないのである。

とはいえ、以上の議論は、世界の「絶対的全体性」の理解可能性を全面的に否定するものではない。カントによれば、系列をたどることで世界の「絶対的全体性」を解明する方法は、「感性的直観の諸条件」(II 392)に即した方法であるという。だが、「絶対的全体性」を解明する方法はこれだけではない。知性の概念に基づいて、この概念を解明する方法が残されているからである。この方法について、カントは、「しかし、この概念(=全体という知性概念)のためには、どんな仕方であれ、同位的に秩序づけられたものどもが存在し、かつ一切のものが一なるものに属するものとして思惟される、ということだけで十分である」(ibid.)と述べている。この引用文の内容は、『就職論文』第四章「可想界の形式の原理について」の内容とほぼ対応し、実質的には「世界の形式」にかかわる事柄である。ただ、ここで重要なのは、『就職論文』において、「系列の全体性」に関する困難が、感性的認識に特有の問題であるとされている点である。このことによって、感性的に把握できないものが、人間にとって全面的に理解不可能ではないことを示すのが、この議論の目的である。

さらに、一七八一年以降の講義録では、上記の問題は、理性が生み出す「宇宙論的理念(die kosmologischen

Ideen)」に関する問題として位置づけられるようになる。例えば、先に引用した『ドーナ形而上学』には、「世界の概念における三つ目の契機は、絶対的全体性である。しかし、この絶対的全体性は、我々にきわめて大きな困難をもたらす。その困難とは、絶対的全体性は、この概念に対応するいかなる可能的経験の対象も提示されえない概念、つまり理念だということである」(XXVIII 657)という記述がある。また、『ムロンゴヴィウスの形而上学』には、「世界全体(Weltall)の概念は、単なる問題(ein bloßes Problem)、理性概念(ein Vernunft Begriff)である。確かに、この理性概念を私は抽象的に思惟することができるが、しかし決して具体的に与えることはできない」(XXIX 851)と記されている。そして、その根拠として、世界全体の概念を空間において提示できないことが挙げられているのである。これらの記述から、「系列の全体性」としての世界の全面把握に関する問題は、「宇宙論的理念」としての世界を対象とするアンチノミー論に関連すると言えるだろう。

　もちろん、『就職論文』の「包括性」に関する議論と批判期の「宇宙論的理念」に関する議論との間には大きな相違がある。この相違点を完全に見極めるためには、叡智界と感性界の二分法やアンチノミーの各論にも立ち入る必要がある。ただここでは、一点だけ両者の重要な相違を指摘しておきたい。それは、『就職論文』の「世界の包括性」概念が、文字通り世界の始まりから終わりまでの全ての状態の系列を指すのに対し、批判期の「宇宙論的理念」としての全体性は、世界の始まりから現在に至るまでの世界の全ての状態の系列のみを指すことである。つまり、現在から世界の終わりに至るまでの世界の全ての状態の系列は、「宇宙論的理念」としての「世界の全体性」には含まれていないのである。

　この点については、『純粋理性批判』「純粋理性のアンチノミー」第一章「宇宙論的理念の体系」において詳しく論じられている。この箇所では、「背進的総合(die regressive Synthesis)」と「前進的総合(die progressive Synthesis)」とが峻別される。「背進的総合」とは任意の現象からその条件へと遡行していくことであり、「前進的総合」とは任意の現象からその帰結へと進んでいくことである。その上で、カントは「宇宙論的理念は背進的総合の全体性にかかわり、前件へ向かい、後件へとは向かわない」(B 438)と述べている。ここで「宇宙論的理念」としての世界が「背進的総合の全体性にかかわる」と特徴付けられているのは、世界の現在の状態のルーツを知るために必要なのは、過去に関する知見であり、未来に関する知見ではないからである。この点は、「後者〔=後件へと向かうこと〕が生じる場合、それは、純粋理性の恣意的な問題ではあるが、必然的な問題ではない。なぜなら、我々は現象において与えられているものを全面的に理解するために、確かに諸根拠を必要とするが、諸帰結を必要としないからである」(Ebd.)というカントの記述からも裏付けられる。

以上のように、批判期のカントは、現在の状態から世界の始まりへと向かう系列と現在の状態から世界の終わりに向かう系列をはっきりと区別し、前者の系列を世界論の主な対象とした。では、批判期のカントはなぜこの区別を導入したのだろうか。その理由を説明するためには、『就職論文』のカントのように、「系列」としての世界に含まれる全ての項を把握することの原理的な困難に着目するだけでは不十分である。というのも、無限の「系列」としての世界に終項を設定すると不合理に陥るという問題は、前者の系列にも、後者の系列にも、等しく当てはまるからである。むしろ、カントがこの区別を導入したのは、これらの二つのタイプの系列の項を完全に列挙することが人間の理性にとって本当に必要かどうかというある種の実践的な問いに着目した結果だと考えられる。だからこそ、批判期のカントは、「宇宙論的理念」としての世界に、系列の背進によっては到達不可能というだけでなく、人間の理性にとって不可避な対象という性格を付与したと考えられる。これは、『就職論文』の議論には見られない特色である。

おわりに

では、本章の結論をまとめよう。カントは、「世界の質料」、「世界の形式」、「世界の全体性」という三つの観点から世界を論じていた。カントは、「世界の質料」は複数の実体であると主張した。その狙いは、スピノザ的な「唯我論」を排除し、世界を「実体的全体」として位置づけることであった。次に、彼は「世界の形式」はこれらの実体間の因果的連結であると主張した。その狙いは、バウムガルテン的な予定調和説の排除にあった。最後に、彼は、「世界の全体性」は、世界を構成する全ての状態からなる「系列」だと主張した。その上で、彼は、世界の無限性のために、「世界の全体性」が把握困難なことを問題にし続けてきた。このように、カントは、これら三つの観点を軸にして、世界に関する様々な哲学的問題を論じていたのである。

さらに、以上のことから、カントが「複合体」と「系列」という二つの観点から世界を考察していたことが明らかになる。まず、「世界の質料」と「世界の形式」という観点から、世界は複数の実体が相互に影響しあうことによって形成される一つの全体として理解される。それゆえ、この二つの観点は世界を「複合体」として考察するための道具立てである。これに対し、「世界の全体性」は世界を「系列」として考察するための道具立てである。その根拠は以下の通りである。この観点から、世界は他の部分ではない全体、最大の全体として位置づけられる。しかし、基本的に、カントは、人間は万有を一挙に認識することはできないと考えていた。それゆえ、世界が他の部分ではない全体であることを示すためには、世界を構成する無数の項を継起的に列挙し尽くす他ないのである。以上のことを配慮した場合、「世界の質料」、「世界の形式」、「世界の全体性」という三分法は、世界を「複合体」と「系列」という二つの観点から考察するための道具立てだと言える。

とはいえ、ここでいくつかの問題が生じる。まず、「世界の形式」と「世界の全体性」という二つの観点がどのような関係にあるのかが問われなくてはならない。前に見たように、『就職論文』では、「世界の形式」と「世界の全体性」は、世界という「実体的全体」を理解するための二つの異なる観点だとされていた。つまり、「世界の全体性」は、世界全体を空間と時間という感性的直観の形式にしたがって把握する際の観点であり、「世界の形式」とは、世界全体を知性の概念に即して理解する際の観点だったのである。だが周知のように、一七八〇年以降のカントは、感性的認識と知性的認識、感性界や叡智界といった用語を、この著作とは全く異なる意味で使用している。それゆえ、一七八〇年以降、カントが、これら二つの観点をどのように位置づけていたのかを改めて問う必要があると思われる。この点については、『純粋理性批判』における「世界の形式」を扱う第五章で論じたい。

いま一つの問題は、カントが、公刊著作、特に三批判書において、「世界の質料」、「世界の形式」、「世界の全体性」という三つの観点に基づいて思考していた直接証拠がないことである。確かに、一七八〇年以降も、カントがこの三つの観点に基づいて世界を論じていた可能性が高いことは第一節で見た通りである。また、「宇宙論的理念」という用語が使用されていることは、『純粋理性批判』において「世界の全体性」の問題が論じられていた証拠にはなるだろう。だが、「世界の質料」と「世界の形式」が『純粋理性批判』において論じられていたと言える証拠はあるだろうか。以下では、自然、あるいは自然の統一という概念が、『純粋理性批判』において「世界の質料」と「世界の形式」という観点が残されていた間接証拠になりうることを明らかにしたい。

（1）　本章で論じている「唯我論者」は、『人間学』で考察されている三つのタイプの「唯我論者」、つまり「論理的唯我論者

(der logische Egoist)」、「美的唯我論者(der ästhetische Egoist)」、「道徳的唯我論者(der moralische Egoist)」とは異なるタイプの「唯我論者」である。この点は『人間学』の当該箇所の議論をたどっていくことで明らかになる。まず、この箇所では、上記三種類の「唯我論者」の特色が以下のように説明される。「論理的唯我論者」とは、自分の判断を吟味する際に他人に耳を貸さぬ者であり、「美的唯我論者」とは、趣味や芸術に関する他者の見解に耳を貸さぬ者のことである。最後に「道徳的唯我論者」とは、自分以外を自己の目的の達成の手段とみなす利己的な幸福主義者のことである。こうした説明の後に、カントは「唯我論については、以上のことだけが人間学に属している」(VII 130)と述べた上で、形而上学的な意味での「唯我論」を人間学の対象から除外している。この点については、「思惟する存在者としての私が、私の現存の他に、さらに(世界と呼ばれる)私と相互関係にある他の諸存在者の全体の現存が想定されるべき原因を持つかどうかだけが問題なら、この問題は人間学的ではなく、単に形而上学的である」(Ebd.)と説明されている。この引用文で説明されている内容は、本章で論じている「唯我論」の内容と一致する。それゆえ、本章で論じている「唯我論」はあくまでも形而上学的な意味での「唯我論」であると言えよう。

なお、カントの「唯我論」概念の哲学史的な源泉については、宮島光志「カントのエゴイズム批判――哲学者が教壇でこだわりつづけたこと――」(牧野英二編『情況　第三期　5(12)特集　カント没後二〇〇年』、情況出版、二〇〇四年、一五〇―一六一頁)を参照のこと。同論文では、「論理学的唯我論者」がマイヤーに、「道徳的唯我論者」と形而上学的な意味での「唯我論者」がバウムガルテンに由来する概念であるのに対し、「美的唯我論者」は、イギリスやフランスのモラリストの影響を受けながら、カント自身が形成した概念だと言われている。

第三章　カントの自然概念
――「名詞的自然」としての世界

はじめに

カントは自然という語をきわめて多くの用法で使用している。これらの用法を検討した場合、『純粋理性批判』において、自然という語が世界（特に、感性界）とほぼ同義で使用されている箇所があることが明らかになる。しかも、これらの箇所の多くは、B版「演繹論」や「原則論」といった「分析論」に属するテキストである。これらの箇所の共通の問題は、多様な対象をカテゴリーに由来する法則にしたがって総合統一する方法を示すことにある。前章で論じた三分法から見れば、こうした問題は、「世界の質料」と「世界の形式」に関する問題だということができる。「世界の質料」とは、世界を構成する多様な諸部分のことであり、「世界の形式」とは、これらの部分が統一されるために必要な原理、原則のことだからである。以上の点を踏まえて、「世界の質料」、「世界の形式」を論じる場面で、カントが自然という用語を世界と同義で使っていたことを明らかにすることが本章の目的である。

議論は以下の順序で進められる。第一節では、『純粋理性批判』において、カントが世界と自然に重なり合う面があると考えていたことを示す。第二節から第四節では、カントがバウムガルテンの二つの自然概念、つまり「存在者の自然(natura entis)」と「全自然(natura universa)」を「形容詞的自然」と「名詞的自然」という二分法によって批判的に継承していたことを示す。さらに、第五節では、「形式的な意味での自然」と「質料的な意味での自然」という別の二分法の内実を検討し、この二分法が「形容詞的自然」と「名詞的自然」という二分法とは異なる意味を持つことを示す。以上の考察によって、批判期のカントは、世界の「複合体」としての側面を指し示すために、「形式的な意味での自然」と「質料的な意味での自然」の二分法、および「名詞的自然」という表現も用いていたことが明らかになるはずである。

第一節　『純粋理性批判』における世界と自然の区別

『純粋理性批判』における自然概念と世界概念を論じる際に素通りできない議論がある。それは、B 446からB 448で行われている自然概念と世界概念の区別に関する議論である。この箇所で、カントは「我々は**世界**と**自然**という二つの表現を持っているが、これらの表現は時折混同されることがある」(B 446)と述べた上で、両概念の共通点と相違点を論じている。この箇所で世界と自然を区分する際の拠り所となるのは、数学的カテゴリーと力学的カテゴリーの区別である。そこでまず、この二種類のカテゴリーの区別に関する議論を概観しておこう。

カテゴリー表の導出を終えた直後に、カントは、カテゴリー表を二つの部門に区分した上で、量と質のカテゴリーを数学的カテゴリー、関係と様相のカテゴリーを力学的カテゴリーと呼んでいる(Vgl. B 110)。両者の区別の基準となるのは、前者が「直観の対象」のみにかかわるのに対し、後者は「直観の対象の現存」にかかわる点である。経験の対象を認識する際の両者の役割の違いは以下のように説明できる。例えば、水が凍るのを認識する場合、まず、水を空間と時間に属するものとして把握することや水の知覚と氷の知覚を継起的に総合することが必要である。これは、直観の対象を空間・時間的なものとして把握する量のカテゴリーと感覚の度合いを把握する質のカテゴリーの役割である。この二つのカテゴリーによって獲得されるのは、「水を見た後に、氷を見た」という主観的継起でしかない。だが、これだけでは、実際に水が先で氷が後に生じたのか(氷結)、氷が先で水が後に生じたのか(溶解)を判別することができない。この区別を行うために不可欠なのが力学的カテゴリーである。例えば、実体のカテゴリーは、水と氷という二つの表象を同一の対象の二つの状態として把握するために不可欠である。さらに、原因性のカテゴリーは、「水を見た後、氷を見た」という主観的継起関係だけでなく、実際に「水が氷に変化した」という客観的継起の認識を獲得するために不可欠である。それゆえ、対象の知覚の主観的継起を現象の客観的継起として規定するのが、力学的カテゴリーの重要な役割であると言えよう。このように、両者のカテゴリーは対象認識の際に別々の役割を果たしているのである。

　さらに、「原則論」の冒頭で、カントは、数学的カテゴリーと力学的カテゴリーによる総合の仕方の相違について説明している。この箇所で、カントは数学的カテゴリーによる総合を「複合(Zusammensetzung; compositio)」、力学的カテゴリーによる総合を「連結(Verknüpfung; nexus)」と呼んでいる(Vgl. B 201 Anm.)。一言で言えば、前者は同種的な多様の偶然的総合であり、後者は異種的な多様の必然的総合のことである。前者の典型例としては、二つの三角形をくっつけて四角形を作る場合が挙げられる。幾何学的図形としての三角形が占めている空間はどこをとっても等質なので、二つの三角形は同種的である。また、二つの三角形を自由に結合分離できる以上、この二つの三角形の総合は偶然的なのである。これに対し、実体と偶有性、原因と結果などは異種的である。にもかかわらず、前者がない場合、後者は成り立たない。これが、力学的カテゴリーによる総合が異種的な多様の必然的総合と呼ばれる理由である。

では、B 446 から B 448 の議論に話題を戻そう。この箇所によれば、世界は「あらゆる現象の数学的全体と大ならびに小における、つまり複合ならびに分割による諸現象の進展における諸現象の総合の全体性」(B 446) であるという。けれども、世界が「力学的全体」(Ebd.) として捉えなおされる場合には、世界は自然とも呼ばれるという。ここで「数学的全体」、「力学的全体」という表現は、「数学的カテゴリーによる全体」、「力学的カテゴリーによる全体」と読み替えることができる。この点を考慮した場合、世界は、量と質のカテゴリーによって可能になる同種的な多様から構成される全体であるのに対し、自然は関係と様相のカテゴリーによって可能になる異種的な多様から構成される全体と言えよう。そして、アンチノミー論においては、この「数学的全体」としての世界と「力学的全体」としての自然はいずれも「系列」として考察されている。具体的に言えば、世界は量のカテゴリーに基づく現在の時点から第一の始まりや空間的な限界に至るまでの系列、質のカテゴリーに基づく複合体から単純体へと至るまでの系列という二つの意味を持つ。これらの全体は、第一アンチノミーと第二アンチノミーの対象である。これに対し、自然は、ある出来事からその絶対的自発性を持つ無条件的な原因へと向かう系列と感性界における偶然的存在者から、その原因である必然的存在者へと向かう系列という二つの意味を持つ。これらの全体は、第三アンチノミーと第四アンチノミーの対象である。

最後に、カントは、これら二つのタイプの全体に関する世界概念を論じることで、議論を締めくくっている。その際、カントは広義の世界概念と狭義の世界概念を区別している。まず、カントは、世界を構成する系列に関する理念と自然を構成する系列に関する理念のどちらも世界概念と呼ばれうることを確認する。感性界における現象が全て条件づけられたものである以上、絶対的全体を構成する諸項の系列が完結することはありえない。この特徴は、世界を構成する系列にも自然を構成する系列にも共通のものである。この点を踏まえ、カントは、「私の考えでは人がこれらの理念全部を**世界概念**と名づけることは全くもって適切なことである」(B 447)と述べている。他方で、系列を完結させるために必要とされる「無制約者」の性質がこれら二つの全体で異なるのは、前に見た通りである。それに応じて、カントは前者のタイプの全体に関する理念を狭義での世界概念、後者のタイプの全体に関する理念を「超越的自然概念(die transzendente Naturbegriffe)」と呼んでいる。

以上のように、この箇所の狙いは、「数学的全体」としての世界と「力学的全体」としての自然を峻別することで、以後の議論の基礎を提示することである。このことは、「この区別(＝狭義の世界概念と超越的自然概念との区別)は、当面の間はまだとりわけ重要ではないが、議論が進むにつれていっそう重要になりうるものである」(B 448)という記述からも裏付けられる。実際、この区別は、後半二つのアンチノミーに前半二つのアンチノミーとは異なる解決を与える際の拠り所となっている。前述のように、力学的総合は異種的な多様の総合である。それゆえ、この総合は、現象間の因果連結だけでなく、現象と非現象との間の因果連結も許容する。まさにこのことが、後半二つのアンチノミーの対立命題が両方とも真であるという帰結が生じる論拠になるのである。この点は「力学的理念が現象の条件を現象の系列の外に許容することで、つまりそれ自身現象でない条件を許容することで、数学的アンチノミーの結果とは全く異なる何かが生じる」(B 559)というカントの記述から裏付けられるだろう。このように、B 446 から B 448 の議論によって、カントは一〇〇頁以上先でのアンチノミーの解決のための伏線を張っているのである。

とはいえ、以上の議論によって、世界と自然が全く異なる概念であることが示されたわけではない。むしろ、この箇所では、世界のある側面が自然とも呼ばれうることが示唆されているのである。この点は、「まさに同一の世界が自然と呼ばれるのは、世界が力学的全体として考察される場合である」(B 446)という説明からも明らかであろう。それゆえ、以上の議論によって、世界は同時に自然でもありうるという可能性が排除されたわけではないのである。

ただし、以上の議論だけでは、どのような意味で世界と自然が重なり合うかはそれほど明瞭にはならない。というのも、この議論で示唆されているのは、世界と自然の双方が、完結しえない無限の系列、つまり広義の世界概念としても考察できるという点に限られるからである。したがって、この議論によって保証されるのは、「世界の全体性」という観点から見て、世界と自然に重なり合う部分があるということだけである。では、「世界の質料」と「世界の形式」という面から見て、世界と自然には重なる面があるのだろうか。以下では、この問いに肯定的に答えるために、カントの自然概念をさらに立ち入って考察してみたい。

第二節　「形容詞的自然」と「名詞的自然」の区別とその歴史的源泉

上記の目的を達成するために、本節では、カントが自然を形容詞的な意味と名詞的な意味という二つの意味で使用していたことに着目する。そのために、以下ではNaturという語そのものを検討対象とする。結論を先取りすれば、以下で論じるNaturはいずれも事物に内在する生成原理に関連している。こうしたNaturの含意を適切に表現するために、本書ではこの語を一貫して自然と訳出する。それは、古来、自然という語が事物の自発的な生成に関連する意味で使われていたからである。このことは、自然という語が「自(おのず)から然(しか)る」、または「自(ひと)り然(な)す」という仕方で訓読されていたことからも裏付けられるだろう。[1]

では、カントが形容詞的な意味での自然(以下、「形容詞的自然」)と名詞的な意味での自然(以下、「名詞的自然」)について言及しているテキストを見てみよう。『純粋理性批判』のB 446 Anm. 2では、これら二つの概念が以下のように説明されている。

形容詞的(形式的)に理解された自然は原因性の内的原理にしたがった物の諸規定の連関を意味する。これに対し、自然は名詞的(質料的)には原因性の内的原理によって一貫して連関している限りでの諸現象の総体として理解される。第一の意味で我々は液体や火などの自然のことを語り、この語を形容詞的に用いている。これに対し、我々が自然の諸物について語る場合、我々は持続的に現存する全体を念頭に置いている。(B 446 Anm. 2)

この箇所で提示されている自然の二つの用法は、Naturという言葉の二つの通俗的用法と類似しているように見える。通常Naturという言葉は、本性という意味と人為が加わっていない全てのものという二つの意味で使われる。人間や物体の本性と言う時、Naturは前者の意味で使われ、自然破壊、自然保護と言う時、Naturは後者の意味で使われる。そして、上記の引用を見る限り、「形容詞的自然」が前者の通俗的な意味に、「名詞的自然」が後者の通俗的な意味に対応するように見える(2)。

もちろん、以上の暫定的解釈がカントのテキストに適合しているかどうかは議論の余地がある。結論を先取りすれば、カントによる「形容詞的自然」と「名詞的自然」の二分法は、通俗的な本性と自然の二分法とは別のものである。だが、この点を特定するためには、上記の引用文や三批判書だけでは不十分である。というのも、上記引用文の「原因性の内的原理(das innere Prinzip der Kausalität)」という表現は批判期のカントの著作ではほとんど使用されていないからである。だが、この「原因性の内的原理」という表現は、双方の自然概念の説明に用いられている。それゆえ、上記の二分法を理解するためには、何らかの形で三批判書以外の資料に頼らざるをえないのである。そこで、以下では、バウムガルテンの『形而上学』とカントの形而上学に関するレフレクシオーンと講義録に上記の二分法の内実を解明するためのヒントを求めたい。

ここで重要なのは、「形容詞的自然」と「名詞的自然」の二分法を提示する際に、カントがバウムガルテンの『形而上学』四三〇項以下の「物体の自然について」と四六六項以下の「自然的なものについて」の議論を念頭に置いていたことである。この点についてはいくつかの証拠が挙げられる。一つ目の証拠は、一七七三年から一七七八年頃のものとされるレフレクシオーン三六二七である。このレフレクシオーンにおいて、カントは、バウムガルテンの『形而上学』四三〇項の冒頭部について、「自然はここではただ形容詞的にのみ理解される」(XVII 116)と記している。二つ目の証拠は、少なくとも一七七三年以降、かつ一七八〇年以前のものとされるレフレクシオーン五四三三である。このレフレクシオーンには、『形而上学』四六六項の議論に関して、「自然という言葉は、名詞的か形容詞的かのいずれかに理解される。名詞的には自然は感官のあらゆる対象の集合であり、形容詞的には、自然はある存在者の実働性の内的原理である」(XVIII 181)と記されている。さらに三つ目の証拠は、カントの形而上学講義である。というのも、これらの講義録においてバウムガルテンの『形而上学』の上記二つの章が取り上げられる際に、「形容詞的自然」と「名詞的自然」の区別が頻出するからである。以上のことを考慮した場合、この二つの自然概念の内実を知るために、バウムガルテンの自然に関する議論は大いに参考になるはずである。そこで以下では、①バウムガルテンによる自然(natura)概念の一般的定義(四三〇項)、および②「全自然(natura universa)」概念の定義を概観していこう。

第三節　バウムガルテンの自然概念
――「存在者の自然(natura entis)」と「全自然(natura universa)」

まず、①に関して。バウムガルテンは、『形而上学』四三〇項で、自然の定義を行うために、「ある存在者の《自然》(cf. §. 431, 466)とは、その存在者の変化の諸原理、あるいは一般的に言えば、その存在者に内属する偶有性の諸原理であるようなその存在者の内的諸規定の総体である」(M. §. 430)と述べている。別の箇所で、バウムガルテンは、原理(principium)を「他のものの根拠(ratio)を含むもの」(M. §. 307)と定義し、この語にdie Quelleという訳語を当てていた。このことを考慮した場合、彼は自然という用語をある存在者の変化や偶有性の内属のための根拠となる全ての内的規定という意味で用いていると言える。

とはいえ、この定義には一つ不明瞭な点がある。それは、上記の定義中の原理という語の意味である。バウムガルテンによれば、原理には、他のものが可能になる際の拠り所となる「存在原理(principium essendi)」、他のものが実現する際の拠り所となる「生成原理(principium fiendi)」あるいは「原因(causa)」、他のものを認識する際の拠り所となる「認識原理(principium cognoscendi)」の三種類がある、という(Cf. M. §. 311)。けれども、この定義において、原理という語がこれら三種類のうちどの意味で使われているのかは明示されていないのである。

結論から言えば、この定義中の原理という語は、少なくとも「存在原理」の意味では使われていないと考えられる。この主張はマイヤーの『形而上学』の当該箇所の解説から裏付けられる。マイヤーは、『形而上学』三九六項で以下のように述べている。「したがって、我々は存在者の自然を、その存在者の現実的な諸変化の根拠を、あるいはその存在者の偶有性とその存在者の結果と帰結の現実性の根拠を自らの内に含むようなその存在者のあらゆる内的諸規定の総体であると理解する」[3]。この解説では、バウムガルテンの定義で原理に相当する箇所が「現実性の根拠を含む」という形にパラフレーズされている。マイヤーがこのパラフレーズを行ったのは、バウムガルテンの定義を明確化しようとしたためだと思われる。つまり、上記のパラフレーズによって、マイヤーは、バウムガルテンの定義中の原理という語が「生成原理」という意味で使用されることを明示しようとしたのである。さらに、マイヤーによれば、自然を偶有性が内属するための「生成原理」と定義することは、自然と本質を峻別するためにも重要だという。この点についてマイヤーは、「自然のこの定義によって、存在者の単なる本質は、存在者の偶有性と変化と結果の可能性の原理であるが、自然はこれらの現実性の原理である。火の本質から帰結するのは、火が燃えることができ、輝くことができ、熱することができ、溶かすことができるということである。しかし、火の自然から帰結するのは、火が実際に燃え、輝き、熱し、溶かす等々ということなのである」[4]と述べている。つまり、バウムガルテンの自然の定義中の原理という語を「存在原理」の意味で解釈してしまった場合、自然と本質との区別がなくなってしまうのである。そして、バウムガルテンも自然と本質を峻別している以上、バウムガルテンの定義における原理という語も「生成原理」の意味で理解しなくてはならないと思われる。

では、自然と本質はどのように異なるのか。この点について、バウムガルテンは「したがって、存在者の自然に属するのは、1)その本質構成要素(§. 39)、2)その本質(§. 40)、3)その能力、4)その受容性(§. 216)、5)それに備え付けられているあらゆる力(§. 197)である」(M. §. 430)と述べている。つまり、本質は自然の一部をなすが、自然の全てではないのである。本質は「可能なものにおける本質構成要素の総体」(M. §. 40)と定義されていた。

つまり、本質構成要素は本質の一部をなす。それゆえ、1)と2)は本質とも自然とも言われうる。これに対し3)、4)、5)は存在者の自然であるが、本質ではない。能力(facultas)とは「能動可能性(possibilitas agendi)」、受容性(receptivitas)とは、「受動可能性(possibilitas patiendi)」である(Cf. M. §. 216)。つまり、3)はある存在者が作用できることを、4)はある存在者が他の存在者から影響を受け取ることができることを指す。最後に5)の力は、偶有性が内属するための十分な根拠のことである(Cf. M. §. 197)。これら三つの特徴が自然と本質を分かつための鍵となる。

例を用いて考えてみよう。火は可燃物と酸素の化合から生じる。この場合、可燃物と酸素が火の本質構成要素、可燃物と酸素の化合が火の本質だと考えられる。バウムガルテン的な思考法に依拠すれば、火の本質から、火が燃えること、発光現象を伴うこと、あるいは、他の物質を溶かすことの可能性が説明される。けれども、火が燃えうることと実際に火が燃えていることの間には大きな落差がある。というのも、火が燃えるためには、可燃物に熱を加えなくてはならないし、他の物を溶かす場合には、他の物に熱を伝達しなくてはならない。したがって、実際に火が燃えるための条件を説明するためには、本質に加え、自然に特有の三つの規定、つまり、能力、受容性、力が必要である。というのも、可燃物に熱が加えられる場合、可燃物は他の物から作用を受け取ることができること、つまり受容性が不可欠である。また、火が他の物を溶かす際には、火が他の物に影響できること、つまり能力が必要である。けれども、能力と受容性は作用と受動の可能性にすぎない。それゆえ、実際に作用や受動が実現するためには、力が必要である。この点は、「能力と受容性が定立されることで能動か受動が定立されるわけではないが(§. 216, 59)、それでも能動と受動は厳密な意味での力によって定立される(§. 210, 30)。この力は実働のための能力の補完(complementum facultatis ad actum)、つまり作用が現存するに至るために能力に付け加わるものであろう」(M. §. 220)という『形而上学』二二〇項の記述からも裏付けられるだろう。

上述の説明は、『形而上学』四三一項の物体の自然に関する説明にも適用可能である。この箇所で、バウムガルテンは「諸物体の自然は、諸物体の複合(§. 419)の仕方、それに加え、あらゆる能力と受容性、これらの諸物体が行使する(§. 296, 430)慣性力と運動力である」(M. §. 431)と述べている。彼によれば、上記の引用文中の「物体の複合の仕方」は物体の本質である(Cf. M. §. 419)。前述のように、彼は物体を諸モナドからなる複合体と位置づけていた。しかるに、複合体は個々の部分が何らかの仕方で複合されていなければ、成り立たない。この点について、彼は「互いの外に定立されたものがどのような仕方でも全体をなしえない、すなわち《複合されること》ができない場合、複合体は内的に不可能であろう(§. 224, 15)。それゆえ、複合の仕方は複合体における内的不可能性の反対(§. 81)、つまり複合体の内的可能性かつ本質である(§. 40)」(M. §. 226)と述べている。それゆえ、物体が成り立つためには、個々の部分が何らかの仕方で複合されている必要がある。以上の理由から、物体の本質はこれらの部分の複合の仕方にあることになる。さらに、上記の引用文では、物体の自然に固有の規定として、能力と受容性、慣性力と運動力が挙げられている。確かに、これらの規定は、物体の内的可能性を説明するためには不要である。けれども、これらの規定は、物体が実際に成立するための条件や、物体の状態が実際に変化するための条件を説明するためには不可欠なのである。

以上のことから、バウムガルテンは、原則的に自然を本質との関連で考えていたことがわかる。本質は、ある存在者が論理的に可能であるために不可欠な規定のことである。これに対し、自然はある存在者がこの世界で実際に成り立つために不可欠な規定のことである。それゆえ、本質はある存在者の可能性の条件であるのに対し、自然はある存在者の現実性の条件であると言うこともできよう。

次に②に関して。これまでの説明は、個別の存在者の自然に関するものであった。けれども、バウムガルテンは、それとは別のタイプの自然の用法の存在を示唆している。つまり、彼は、物体の自然の説明を終えた後、

「さらに、自然は端的に語られることもある(cf. §. 430, 466)」(M. §. 431)と述べているのである。引用文末尾で、四六六項が参照されていることを考慮した場合、ここでの端的な意味での自然とは、四六六項以下で論じられている「全自然」のことを指すと考えられる。以下では、全自然に関する説明を検討していこう。

『形而上学』四六六項では、「全自然」が以下のように定義されている。

世界の諸部分における諸自然の総体は、これらの諸自然が別々に取り上げられた場合でも、一括して取り上げられた場合でも、《全自然》(所産的自然 §. 859)である。したがって、この最も完全な宇宙の自然は、宇宙のあらゆる部分、つまり、モナド、要素、精神、物質、物体に備わっているあらゆる本質構成要素、本質、能力、受容性、力の集合あるいは総体である(§. 430)。したがって、宇宙におけるあらゆる物体のあらゆる複合の仕方、慣性力、運動力、機構(mechanismus)は全自然の一部である(§. 431, 433)。(M. §. 466)

この箇所の議論も、四三〇項で行われた自然の一般的定義が基礎となっている。ただし、四三〇項では、個別の存在者の自然が問題になっていたのに対し、ここでは、世界のあらゆる部分の自然が問題になっているのである。さらに、諸部分の集合は全体と等しいというバウムガルテンの主張を考慮した場合(Cf. M. §. 157)、「全自然」とは世界全体の自然とも言うことができるだろう。また、これに続く四六七項で、バウムガルテンは、「複合された世界の本質とその複合の仕方(§. 226)は、この世界の個別の諸部分の本質とともに、全自然(§. 466, 155)のかなり小さい(§. 161)部分でしかない」(M. §. 467)と付け加えている。このことから、少なくとも、「全自然」には、a．世界の個別の部分＝個々のモナドの自然、b．世界全体の自然、c．世界の部分の複合の仕方の三つが含まれていることになる。

さらに、バウムガルテンは、あらゆる物体はモナドが連結することから生じる「モナド複合体」であると主張していた。その上で、彼は部分の複合の仕方や慣性力と運動力といった物体の自然が、究極的にはモナド相互の異種性や表象力に由来することを証明しようとしたのである。この点を考慮した場合、モナドの自然を論じることは、同時に、物体の自然を示すことにもつながる。それゆえ、「全自然」には、モナドからなる全体としての世界の成立条件だけでなく、「モナド複合体」としての物体全ての成立条件も含まれているのである。四六六項の定義において、「全自然」に、モナド、要素、精神といった単純実体の自然だけでなく、物質と物体の自然も含まれていたのは、こうした理由によると考えられる。

以上のように、バウムガルテンは、「存在者の自然」と「全自然」という二つの観点から自然を論じていた。この二つの自然のうち、「全自然」は、カント的な「世界の質料」と「世界の形式」と酷似した概念であると考えられる。というのも、「全自然」には、世界の部分である実体が成立するための条件、世界全体の成立条件としての諸実体の複合の仕方に関する規定が含まれているからである。そして、前に指摘したように、バウムガルテンの「存在者の自然」と「全自然」の区別を念頭に置いて、カントが「形容詞的自然」と「名詞的自然」の二分法を確立した可能性は高い。けれども、このテーゼを確立するためには、さらなる証拠が必要となるだろう。そこで、次節では、カントが、バウムガルテンの自然に関する議論をどのように解釈したのかをもう少し立ち入って論じていこう。

第四節　カントによるバウムガルテンの自然概念の受容

前述のように、カントのレフレクシオーンや講義録では、たびたびバウムガルテンの自然に関する議論に言及されている。ただ、レフレクシオーンでの言及は断片的なものが多い。それゆえ、レフレクシオーンから、カントのバウムガルテンに対する評価を特定するのは困難である。これに対し、カントの一連の形而上学講義では、バウムガルテンの議論に対するまとまった解説が行われている。しかも、これらの解説は、微妙な相違を除けば、一七七〇年代から一七九〇年代の講義録に至るまでほぼ同主旨のものである。そこで、以下では、これらの講義録から、カントがバウムガルテンの「存在者の自然」と「全自然」の二分法をどのように受容したのかを確認する。そのために、一七七〇年代後半の『L_1』、一七八〇年代前半の『ムロンゴヴィウスの形而上学』、一七九〇年以降の『ドーナ形而上学』の三つの講義録を検討する。

まず、『L_1』に関して。この講義録の「物体の自然について」と題する章では、物の自然と本質の区別が論じられている。この講義録においても、自然と本質の区別は現実性の根拠と可能性の根拠の区別に重ね合わせられている。この点は、「物の現実性に属するものの第一内的根拠は自然であるが、物の可能性と概念に属するものの第一内的根拠は本質である」(XXVIII 211)という記述からも裏付けられる。さらに、『L_1』の「自然的なものと超自然的なものについて」章の冒頭部では、「自然は物の特殊な自然と全自然(die gesammte Natur)とに区別されなくてはならない」(XXVIII 215)と言われている。前後の議論の文脈から判断すれば、この区別はバウムガルテンの「存在者の自然」と「全自然」の区別に相当すると考えられる。その上で、「全自然」について以下のように記されている。

様々な諸自然は全自然、つまり世界の統一をなす。全自然は世界の自然であるが、世界の自然は一般的に自然と呼ばれることもある。しかし、個別の諸自然の総和だけでは、またあらゆる諸部分の自然だけでは、ま

だ全自然をなさない。そのためには、この総和に合一も加わらなくてはならない。(XXVIII 216)

上記の引用文では、「全自然」が世界の自然、および「世界の統一」と同一視されている。「世界の統一」とは、複数の実体が一つの全体を形成しているという事態を指す。これは、世界が成立するためにも、維持されるためにも不可欠の条件である。それゆえ、「世界の統一」を世界の自然とみなすことは問題ない。だが、「全自然」と世界の自然の同一視に関しては議論の余地があるように思われる。個々の事物の成立条件をただ合算することだけで、世界の成立条件を説明するのは無理があるように見えるからである。ただ、この箇所では、こうした疑念に対し、自然全体は個々の事物の自然の単なる集積に尽きるものではないという回答が与えられている。むしろ、「全自然」は、個々の自然だけではなく、これらの自然相互の相補的な連結関係も含んでいるのである。これは、部分の集合を全体と同一視したバウムガルテンの立場とは対照的である。

以上の点を踏まえた場合、上記の引用文は、カントが自然と世界を類義的だとみなしていた間接証拠になりうる。「世界の統一」に必要な要件は、複数の実体とこれらの実体が一つの全体をなすこと、つまり、前に論じた「世界の質料」と「世界の形式」である。それゆえ、「世界の質料」と「世界の形式」も世界の自然に含まれる。そして、この箇所で、世界の自然は「全自然」、あるいは単なる自然と交換可能な概念だとされている。したがって、この箇所からは、「世界の質料」と「世界の形式」は、「全自然」あるいは単なる自然の一部をなすことが見て取れるのである。

次に『ムロンゴヴィウスの形而上学』の議論を見てみよう。この講義録の「世界論」第三章「自然的なものについて」には以下のような記述がある。

自然は二通りの意味に理解されうる。1．形容詞的に、各々の事物の特殊な自然として、2．名詞的に、普遍的諸原理と諸法則にしたがった世界の特殊な自然として、これは全自然(die gesammte Natur)であり、結合の面から見られた感性界(全自然(natura universa))である。名詞的な意味では、ただ一つの自然があるが、形容詞的な意味では、事物の数と同じだけ多くの諸自然がある。(XXIX 868)

上記の引用文では、『純粋理性批判』のB 446 Anm. 2と同様に、自然が「形容詞的自然」と「名詞的自然」に区分されている。ただし、この箇所の記述は、『純粋理性批判』の記述よりもバウムガルテンの議論とのつながりが明確になっている。というのも、「名詞的自然」がバウムガルテン的な「全自然」と同一視されているからである。さらに、「名詞的自然」が「結合の面から見られた感性界」(Ebd.)とされていることも注目に値する。なぜなら、「名詞的自然」は、原則的には感性界にかかわる概念であるという立場がはっきりと示されているからである。以上のことから、この箇所では、「名詞的自然」と感性界が類義的な概念であることが示されていると言えるだろう。

最後に、『ドーナ形而上学』の議論を確認しよう。この講義録では、「形容詞的自然」について以下のように説明されている。「自然は規定の諸法則にしたがった諸事物の現存である——諸法則の下に立つ限りでの現存は、本質、つまり物の原理にしたがった物の現存の可能性から区別されている——」(XXVIII 665)。この引用文では、本質と対比されながら、「形容詞的自然」の特色が説明されている。その限りで、この箇所の「形容詞的自然」の説明は『L_1』や『ムロンゴヴィウスの形而上学』のものと共通していると言える。ただし、上記の説明が前述の二つの講義録と異なるのは、「形容詞的自然」がカントの批判哲学の立場に即して説明されている点である。このことは、「形容詞的自然」を説明する際に、「規定の諸法則」という語が使われている点から裏付けられる。

というのも、批判哲学において、規定という用語は、ほぼ例外なく分析判断と総合判断の区別を念頭に置いて使用されているからである。例えば、この講義録の別の箇所で、規定は以下のように説明されている。「規定とは何か？　分析的述語は規定ではなく、常に総合的述語だけが規定である。例えば、可分性の概念は分析的述語であり、規定は概念そのものの内に存する。論理的述語は規定ではないが、それは論理的述語が分析的だからである」(XXVIII 628)。ここでは、分析判断と総合判断の区別を前提した上で、総合判断の述語のみが規定の名に値するとされているのである。こうした説明は、批判期以降の講義録ではほぼ例外なく行われている。さらに、『純粋理性批判』では、規定という用語が実在的述語と同一視されている。「Sein は明らかにいかなる実在的述語でもない」という有名なテーゼを提出するに先立って、カントはこの点を強調している。まず、このテーゼを提出するための前提が煩雑化した理由として、カントは「論理的述語と実在的述語(つまり、物の規定)とを混同した際に生じる幻想がほぼ全ての教示を排除する」(B 626) ことを挙げている。その上で、彼は、「しかし規定とは主語の概念を超えて付け加わり、主語の概念を拡張する述語である。したがって、規定は主語においてあらかじめ含まれていてはならないのである」(Ebd.) と述べている。以上の記述から、カントが、規定を総合判断の述語とみなし、これを実在的述語と同一視していたことは明らかだろう。以上の点を踏まえた場合、上記引用文の「規定の諸法則」とは、原則的に、経験を成立させるために必要な法則と位置づけることができる。こうした法則としては、まず「原則論」で論じられている純粋悟性の原則を挙げることができる。というのも、カントによれば、これらの原則なしに、経験は成立しえないからである。それゆえ、「規定の諸法則にしたがった諸事物の現存」(XXVIII 665) という表現は、純粋悟性の法則にしたがって諸事物が現存すると言い換えることもできる。

ただし、個別の事物の自然、つまり「形容詞的自然」は純粋悟性の原則に尽きるものではない。純粋悟性の原則は、あらゆる経験にとって共通の成立条件しか提示しえない。それゆえ、この原則だけでは、より特殊な事物の経験の成立条件を説明することはできない。確かに、「あらゆる出来事は原因を持つ」という純粋悟性の原則によって、出来事一般の成立条件を説明することはできる。けれども、この原則だけでは、燃焼という事象一般の成立条件を説明し尽くすことはできない。そのためには、「熱によって、可燃物と酸素が化合する」といった燃焼にかかわる多くの個別の法則が必要だからである。したがって、火の自然には、経験一般の成立条件である純粋悟性の原則と、燃焼の成立条件である特殊法則の二つが含まれていると言えるだろう。

次に、『ドーナ形而上学』における「名詞的自然」の説明を確認しよう。この講義録では、「名詞的自然」について以下のように言われている。「自然——諸法則の下での世界現象の総体——は、名詞的 - 質料的に自然である(物の自然ではない)」(XXVIII 667)。この説明は、「規定の法則にしたがった諸事物の現存」、「諸法則の下に立つ限りでの現存」という「形容詞的自然」の定義を、世界全体に拡張したものである。それゆえ、上記の説明においても、法則の下に立つ、法則にしたがうという特徴が重要な役割を果たしている。そして、世界現象の総体がしたがう法則として、この場合もまず、純粋悟性の原則を挙げることができる。その際、とりわけ重要な役割を果たすのが「第三類推の原則」である。というのも、実体間の相互作用関係によって、世界の事物が一つの総体をなすことが担保されるからである。さらに、世界のあらゆる事象や事物の成立条件、「形容詞的自然」の総体も「名詞的自然」に含まれる。「名詞的自然」がバウムガルテンの「全自然」に端を発する概念なら、そのように考えた方が自然であろう。というのも、バウムガルテンの「全自然」は、個別の自然の総体を意味していたからである。

以上のように、講義録の記述からは、カントが、バウムガルテンの「存在者の自然」と「全自然」の二分法を批判的に継承することで、「形容詞的自然」と「名詞的自然」の二分法を確立したことが読み取れる。もちろん、バウムガルテンとカントの哲学体系は大きく異なる。とりわけ、分析判断と総合判断の区別と「Sein は明らかにいかなる実在的述語でもない」というカントの立場は、バウムガルテンの二分法をそのまま継承することを著しく困難にする。それゆえ、カントが取りえた方策は、『ドーナ形而上学』で行われたように、バウムガルテンの二分法を批判哲学の議論に適合する仕方で継承してしまうことだったのである。だが、その代償として、規定、現存、本質、といったキータームの意味がもはやバウムガルテンのものとは全く別物になってしまっている。それゆえ、バウムガルテンとカントの自然概念の相違を余すことなく明らかにするためには、これらの用語を逐一調べていく必要があるだろう。それでも、以上の議論によって、カントの「形容詞的自然」と「名詞的自然」の成立経緯を示すことはできたはずである。

ただし、「形容詞的自然」と「名詞的自然」の二分法は、批判期の著作にはほとんど登場しない。むしろ、批判期の著作において多く登場するのは、「形式的な意味での自然」と「質料的な意味での自然」の二分法である。それゆえ、「形容詞的自然」と「名詞的自然」の二分法が、批判期の著作の自然概念とどのような関係があるのかという点は、それほど自明ではない。そこで、以下では、「形式的な意味での自然」と「質料的な意味での自然」の二分法と「形容詞的自然」と「名詞的自然」の二分法との関係を論じることで、本章の議論を終えたい。

第五節　「質料的な意味での自然」と「形式的な意味での自然」

「質料的な意味での自然」と「形式的な意味での自然」の二分法は、主にカテゴリーが現象の総体としての自然の可能性の条件であることを証明する場面で使われている。その筆頭として挙げられるのが、『純粋理性批判』

のＢ版「演繹論」二六項と、『プロレゴメナ』三六項の議論である。以下では、この二箇所の議論を素描した上で、その特色を考察しよう。

まず、Ｂ版「演繹論」二六項に関して。この箇所で、カントは「演繹論」の成果を踏まえ、「カテゴリーは諸現象、したがってあらゆる諸現象の総体としての自然（質料的に見られた自然（natura materialiter spectata））にアプリオリな諸法則を指示する概念である」（B 163）ことを確認している。その上で、この点を確証するために、「いかにして自然が諸法則にしたがわなくてはならないということが理解されうるのか、つまり、いかにして諸法則は、諸法則を自然から借りることなしに、自然の多様の結合をアプリオリに規定することができるのか」（Ebd.）という問いに取り組むことを宣言している。

ここで問われているのは、あらゆる諸事物が一つの全体をなす根拠がどこにあるのか、ということである。その際、カントが退けようとしたのは、その根拠を主観から独立した事物だけに求める立場である。というのも、この立場に立てば、その根拠を知る方法はほぼ経験的帰納に限定されてしまうからである。けれども、経験的帰納に依拠する限り、諸事物の結合に関する懐疑的な立場を完全に回避することはできない。カントもたびたび強調するように、経験が保証できるのは「ＡがＢである」ことだけである。それゆえ、事物が結合している状態を何度も観察するだけでは、観察された事物が今後も同じ状態で結合を保ち続けるとは言えないのである。したがって、経験的帰納だけでは、自然の事物は実際にはバラバラなのではないか、という疑念が常に残り続けることになる。カントが、自然の事物の結合の根拠はアプリオリな法則でなくてはならないとしたのは、まさにこの帰結を回避しようとしたからである。

とはいえ、アプリオリな法則はどのような場合に必然的に事物に妥当するのか。それは、「質料的な意味での自然」を構成する事物が、物自体ではなく、現象である場合である。「質料的な意味での自然」を構成する事物が物自体の場合、確かに主観起源のアプリオリな法則が自然の事物に妥当することを示すのは困難である。この場合、事物の側の法則が、主観起源のアプリオリな法則とは異なる可能性を排除できないからである。これに対し、「質料的な意味での自然」を構成する事物を現象とみなした場合、事情が変わってくる。現象は、感性のアプリオリな形式である空間・時間において与えられる。もちろん、これだけでは、これらの現象がバラバラか互いに連関しているのかを特定することはできない。けれども、実際に現象を認識する際には、これらの現象をカテゴリー(特に、関係カテゴリー)にしたがって、互いに結合することが不可欠である。それゆえ、現象は、そもそもカテゴリーにしたがって結合された状態でしか、つまり悟性の法則にしたがった場合にしか、認識されえないのである。これはB版「演繹論」の結論でもあった。

以上の議論を、カントは「自然のあらゆる現象は、その結合の面から見て、カテゴリーの下に立たなくてはならないが、(単に自然一般として考察された)自然は、その必然的合法則性(形式的に見られた自然(natura formaliter spectata))の根源的根拠としてのカテゴリーに依存する」(B 165)という形でまとめている。ここで注目されなくてはならないのは、カテゴリーにしたがう自然が「自然一般(Natur überhaupt)」と呼ばれていることである。「自然一般」とは、感性界のあらゆる事物の総体のことである。この点は、『プロレゴメナ』一五項の記述からも裏付けられる。この箇所で、カントは、物体を問う通俗的な意味での自然科学が、「厳密な意味での一般自然科学(die allgemeine Naturwissenschaft in strenger Bedeutung)」とは呼ばれえない理由を以下のように述べている。「というのも、厳密な意味での一般自然科学は、それが外官の対象にかかわろうと、内官の対象にかかわろうと、(物理学の対象ならびに、心理学の対象)、自然一般を一般的諸法則の下にもたらさなくてはならないからである」(IV 295)。以上の点から、B 165での「自然一般」も、外官の対象と内官の対象の双方からなる総体を指すと考えられる。つまり、「自然一般」はある種の諸法則にしたがって形成された外的現象と内的現象の双方を含む総体のことである。そして、B 165の引用文では、この総体をなすために不可欠である法則が「形式的に見られた自然」と呼ばれているのである。したがって、この箇所での「質料的に見られた自然」と「形式的に見られた自然」の区別は、「自然一般」に含まれるあらゆる現象とこれらの現象が総体をなすために必要な諸法則の区別だと言えよう。

次に、『プロレゴメナ』三六項の議論を見てみよう。この箇所では、「いかに自然そのものは可能か」(IV 318)という問いが立てられる。ここでも、カントは、自然を「質料的な意味での自然(die Natur in materieller Bedeutung)」と「形式的な意味での自然(die Natur in formeller Bedeutung)」に区分する(Vgl. IV 318)。その上で、この二分法に対応する形で、上記の問いを「いかにして質料的な意味での自然は可能か」(Ebd.)という問いと、「いかにして形式的な意味での自然は可能か」(Ebd.)という二つの問いへと分節し、それぞれに回答を提示することで、当初の課題を達成しようと試みているのである。

では、カントはこれら二つの問いにどのように答えたのだろうか。ここで注目すべきなのは、これら二つの問いに答える際に、『純粋理性批判』の議論が引き合いに出されていることである。実際、カントは、第一の問いへの回答は『純粋理性批判』の「超越論的感性論」、第二の問いへの回答は同書の「超越論的論理学」で提示されていると明言している(Vgl. Ebd.)。まず、第一の問いに関して。この箇所で、「質料的な意味での自然」は空間と時間における「諸現象の総体」(Ebd.)とされている。だが、空間と時間が「感性の形式」である以上、空間と時間における現象は人間の感性との関係抜きには与えられえない。このことは『純粋理性批判』の「感性論」で示されていた。この成果を踏まえ、第一の問いに対して、カントは、「〔質料的な意味での自然が可能なのは、〕我々の感性の性質を介してである。この性質にしたがって、感性は、その固有の仕方で、感性にとってそれ自体未知で前者の諸現象とは完全に異なる諸対象によって触発されるのである」(Ebd.)と答えている。次に、第二の問いに関して。この箇所で「形式的な意味での自然」は、あらゆる現象が一つの総体をなすために必要な「諸規則の総体」(Ebd.)とされている。そして、こうした規則が事物の側ではなく、人間の悟性に存するアプリオリな法則であることは、『純粋理性批判』の「超越論的論理学」、特にその「分析論」において示されていた。この成果を踏まえ、カントは、第二の問いに対して、「形式的な意味での自然はただ我々の悟性の性質を介してのみ可能である。この性質にしたがって、感性のあらゆる表象は、一つの意識へと必然的に関係付けられる。そして、このことによってはじめて、我々の思惟の固有の種類が、つまり諸規則による思惟の固有の種類が可能であり、また諸規則を介して経験が可能であるが、経験は諸客観そのものの洞察とは全面的に区別されなくてはならないのである」(Ebd.)という回答を与えている。

以上の点を踏まえた場合、『プロレゴメナ』三六項での「質料的な意味での自然」と「形式的な意味での自然」は、B版「演繹論」二六項での「質料的に見られた自然」と「形式的に見られた自然」とほぼ同義であると考えられる。確かに、『プロレゴメナ』においてこの二つの概念がドイツ語で示されているのに対し、B版「演繹論」においてこの二つの概念はラテン語で記されている。それでも、この二つの概念の意味は、『プロレゴメナ』とB版「演繹論」で共通している。というのも、どちらの著作においても、これら二つの概念は、「自然一般」を考察するための二つの異なる観点として位置づけられているからである。つまり、いずれの著作においても、「自然一般」を構成するために不可欠な素材に着目する際に「質料的な意味での自然」という言葉が使われているのであり、これらの素材がバラバラではなく一つの総体をなすために必要な形式的条件に着目する際に、「形式的な意味での自然」という言葉が使われているのである。また、これら二つの著作において、この二分法が導入された場面も共通している。というのも、この二分法が導入されるのは、「自然一般」の質料的条件と形式的条件との起源の相違が強調される場面、特に「自然一般」の形式的条件が悟性のアプリオリな法則であることが示される場面だからである。したがって、上記二つの議論における自然の質料・形式に基づく区別は、ほぼ同義とみなしてよいと思われる。

では、こうした「質料的な意味での自然」と「形式的な意味での自然」の二分法は、前節で論じた「形容詞的自然」と「名詞的自然」の二分法と同一視できるのだろうか。結論から言えば、この二つの二分法を完全に同一視することはできない。まず、「質料的な意味での自然」と「名詞的自然」との間には微妙なずれがある。というのも、前者が「自然一般」の質料的条件だけを指すのに対し、後者は個々の事物の特殊な自然の総体である「全自然」の質料的条件と形式的条件の双方を指しているからである。このことは、B 446 Anm. 2 の「名詞的自然」の説明から裏付けられる。というのも、この箇所では、「原因性の内的原理によって一貫して連関している限りでの諸現象の総体」(B 446 Anm. 2)、つまり何らかの形式的条件にしたがった限りでの「諸現象の総体」が「名詞的自然」と呼ばれているからである。さらに、『ドーナ形而上学』でも、「名詞的自然」は「諸法則の下での世界現象の総体」(XXVIII 667) と言われていた。この場合も、「名詞的自然」は「全自然」の質料的条件と形式的条件の双方を指している。もちろん、カントにおける「名詞的自然」の用法は一様ではない。それでも、「名詞的自然」が「自然一般」の質料的条件だけを指している用法はほぼ皆無である。以上の理由から、「質料的な意味での自然」と「名詞的自然」とを完全には同一視できないであろう。

さらに、「形式的な意味での自然」と「形容詞的自然」の間にも大きな差異がある。というのも、前者はあくまでも「自然一般」の形式的側面を指すのに対し、後者は個々の事物の規定の成立条件を指すからである。これに応じて、両概念が使われる文脈も大きく異なっている。前者は、あらゆる現象が「自然一般」に属するために不可欠の法則、つまり、純粋悟性の原則の起源や妥当性を問う場面で使用される。言い換えれば、前者は、あらゆる現象にとっての共通の法則を問題にする場面で使用されるのである。これに対し、後者は、「自然一般」に属する現象をより細かい種へと区分していく際に使用される。
一七八〇年以降、カントが、いわゆる「自然の形而上学」に言及する際に、現象の種の区分を扱っていた証拠がいくつか残っている。一番重要なのは、『純粋理性批判』「方法論」「建築術」の章である。この章で、カントはおよそ以下のような議論を行っている(Vgl. B 873ff.)。まず、彼は、「自然の形而上学」を「超越論哲学」と「純粋理性の自然学(die Physiologie der reinen Vernunft)」とに区別する。ここでの「純粋理性の自然学」とは、「自然一般」に共通の法則を扱う学である。さらに、カントは、「純粋理性の自然学(Physiologie)」を、「内在的自然学(die immanente Physiologie)」と「超越的自然学(die transzendente Physiologie)」とに区分する。「内在的自然学」は、自然を「感官の対象の総体」として考察する。[5] これに対し、「超越的自然学」は、我々には経験しえない感官の諸対象の連結関係を考察する。さらに、「内在的自然学」は、「物体的自然」を考察する「合理的自然学(die rationale Physik)」と「思惟的自然」を考察する「合理的心理学(die rationale Psychologie)」とに区分され、「超越的自然学」は、「超越論的世界認識(die transzendentale Welterkenntnis)」、つまり「合理的世界論(cosmologia rationalis)」と、「超越論的神認識(die transzendentale Gotteserkenntnis)」、つまり「合理的神学(theologia rationalis)」とに区分される。以上の区分に対応する記述は、一七八〇年以降の講義録にも見出される。[6]
以上のことから、カントが「自然一般」を「物体的自然」と「思惟的自然」に区分し、それぞれに固有の自然を論じる用意があったことが裏付けられるだろう。この課題を達成するためには、物体と魂に共通の自然だけではなく、物体と魂に固有の自然も明らかにする必要がある。そして、「形式的な意味での自然」に重なるのは、あくまでも前者の自然だけである。後者の自然を明らかにするためには、さらに物体と魂の「形容詞的自然」を提示しなくてはならない。確かに、個々の種の「形容詞的自然」は、「形式的な意味での自然」と重なる部分もある。けれども、「形容詞的自然」には、「形式的な意味での自然」よりも特殊な法則が多く含まれているのである。

以上の議論から、「名詞的自然」を「質料的な意味での自然」と同一視することも、「形容詞的自然」を「形式的な意味での自然」と同一視することも、困難であると考えられる。確かに、「形容詞的自然」が形式的と言われる場面がないわけではない。まず、『純粋理性批判』のB 446 Anm. 2では、「形容詞的自然」が「形容詞的(形式的)に理解された自然」、「名詞的自然」が「名詞的(質料的)に理解された自然」と呼ばれていた。また、『自然科学の形而上学的原理』の「序文」では、「自然という語がただ形式的な意味で受け取られ、物の現存に属するあらゆるものの第一の内的原理を意味するとすれば、物の種類が異なるに応じてそれだけ多様な自然科学がありうることになろう」(IV 467)と言われている。この箇所で「形式的な意味での自然」は、明らかに特殊な種の成立条件、つまり「形容詞的自然」の意味で使われている。それゆえ、これら二つの典拠から、形容詞的‐名詞的自然の二分法と形式的‐質料的自然の二分法は同一視されなくてはならない、という反論があるかもしれない[7]。

だが、この反論には以下のように答えることができる。確かに、形容詞的‐名詞的自然の二分法が形式的‐質料的自然の二分法と重なり合う場面はある。だが、それは形式的‐質料的自然の二分法が両義的に使用されているからであり、形式的‐質料的自然の二分法が形容詞的‐名詞的自然の二分法と完全に同一だからではない。確かに、「形容詞的自然」が形式的、「名詞的自然」が質料的と呼ばれる場面はある。これは形式的‐質料的自然の二分法の一つ目の意味である。そして、この意味で使われている場合に限り、形式的‐質料的自然の二分法は、形容詞的‐名詞的自然の二分法とほぼ同義になる。けれども、『プロレゴメナ』やB版「演繹論」におけるように、形式的‐質料的自然の二分法が「自然一般」を考察する二つの観点という二つ目の意味でも使われることがある。そして、この二つ目の意味での形式的‐質料的自然の二分法は、形容詞的‐名詞的自然の二分法から峻別されなくてはならない。したがって、「形容詞的自然」を「形式的な意味での自然」と、「名詞的自然」を「質料的な意味での自然」と完全に重ね合わせるのはやはり無理があるのである。

おわりに

カントの哲学において、世界は自然とどのような関係にあるのか。この点を明らかにするために、本章ではカントの自然概念の歴史的源泉と用法を論じてきた。まず本章の前半部では、以下の二つのことを明らかにした。一つ目は、バウムガルテンによる「存在者の自然」と「全自然」の二分法がカントの自然概念の歴史的源泉の一つであること、二つ目は、カントによる「形容詞的自然」と「名詞的自然」の区別がバウムガルテンの「存在者の自然」と「全自然」の区別を批判的に受容したものだということである。さらに、カントは、「名詞的自然」や「全自然」を「世界の形式」や感性界そのものと同一視していたことも確認した。このように、「名詞的自然」と世界の間に密接なつながりがあることがわかる。

さらに、本章の後半部では、カントが、「自然一般」を扱う観点として、「形式的な意味での自然」と「質料的な意味での自然」という二分法を提示していることを確認した。「質料的な意味での自然」とは、空間・時間に与えられた現象の総体であり、「形式的な意味での自然」とは、これらの諸現象が一つの全体をなすために必要な諸法則のことである。つまり、「質料的な意味での自然」は、世界を構成する無数の質料であり、「形式的な意味での自然」はこれらの質料が一をなすための根拠と言うこともできる。この点を配慮すれば、「世界の質料」と「世界の形式」は、批判期の著作では、「質料的な意味での自然」と「形式的な意味での自然」という二分法に取って代わられていることがわかる。

とはいえ、なぜ一七八〇年以降の著作でカントは『就職論文』で提示した「世界の質料」と「世界の形式」という用語を使用しなかったのか。その理由をカントは明言していない。ただ、その理由について、一つの仮説を立てることはできる。それは、「世界の質料」、「世界の形式」という二分法と批判哲学の枠組みとの相性がよくないことである。批判期のカントは、実体をカテゴリーの一つに数えいれていた。これは、実体という概念が、「世界の質料」の側にではなく、「世界の形式」の側にあることを意味する。それゆえ、「世界の質料」を複数の実体と定義することは、実体を悟性の形式とみなす批判哲学の教説と折り合わないのである。一七八〇年以降のカント直筆の資料に「世界の質料」と「世界の形式」という観点が登場しないのには、こうした理由があると思われる。

以上の議論から、批判期の著作において、カントは、「世界の質料」と「世界の形式」にかかわる問題の大部分を自然という用語との関連で論じていたことが明らかになった。とはいえ、こうした議論は批判期の著作のどの箇所で見出されるのか。この問題を次章以降で論じていこう。

（1）この箇所の記述は、『岩波　哲学・思想事典』の「自然」の項を参考にした。同項では、自然を「自(おのずか)ら然(しか)る」と訓読したのは親鸞であり、「自(ひと)り然(な)す」と訓読したのは安藤昌益だとされている。さらに同項では、安藤昌益の自然概念について、「この場合の「自然」は今日われわれの用いている nature の意味に近く、しかもその自律的変化運動が強調されているのは注目すべきである」とされている。廣松渉、他(編)『岩波　哲学・思想事典』、岩波書店、一九九八年、六三九頁以下を参照のこと。以上の点を考慮した場合、本性よりも自然という訳語の方が、Natur の持つ内的生成原理としての性格を適切に表現できると思われる。

（2）中島は、この箇所の「形容詞的自然」を日本語の本性、「名詞的自然」を日本語の自然に対応するものだと説明している。

中島義道『純粋理性批判を嚙み砕く』、講談社、二〇一〇年、九二頁。

（3） Meier, G. F., *Metaphysik*, Zweyter Theil, Halle, ²1765, in: Christian Wolff, Gesammelte Werke, 3. Abt. Bd. 108. 2, Georg Olms, 2007, §. 396. S. 198f.

（4） Meier, *a. a. O.*, §. 396. S. 199.

（5）「内在的自然学」の主な対象は純粋悟性の原則であると考えられる。この点は『プロレゴメナ』の一五項と二一項の議論によって裏付けられる。まず、一五項では、「物体的自然」と「思惟的自然」の共通の原則を論じる学が「厳密な意味での一般自然科学」とされていた(Vgl. IV 295)。それゆえ、ここでの「厳密な意味での一般自然科学」とは「建築術」章での「内在的自然学」に相当する。そして、この学で扱う原則の例として、「実体は留まり、持続する」(Ebd.)、「生起するあらゆるものは、常にある原因によって恒常的な諸法則にしたがってあらかじめ規定されている」(Ebd.)という二つが挙げられている。これら二つの原則は、「第一類推の原則」と「第二類推の原則」とほぼ対応する。以上の記述は、「内在的自然学」の対象が純粋悟性の原則であることの証拠になると思われる。

さらに、二一項では、「直観の公理」、「知覚の予料」、「経験の類推」、「経験的思惟一般の要請」という四つの原則を提示した表が「自然科学の一般的諸原則の**純粋な自然学的表**(**reine physiologishe Tafel** allgemeiner Grundsätze der Naturwissenschaft)」(IV 303)と呼ばれている。また二四項でも、「直観の公理」が「かの自然学的諸原則のうちの第一のもの(Der erste jener physiologischen Grundsätze)」(IV 306)と言われている。こうした表現は『純粋理性批判』においては見出されない。こうした表現をカントが『プロレゴメナ』で採用したのは、純粋悟性の原則とPhysiologieとしての自然学との連関を強調するためだと考えられる。

（6） 一七八四年から一七八五年のものとされる『フォルクマンの形而上学』では、自然の形而上学に関して、以下のような記述がある。「自然の哲学において注目されうるのは、1)物体的自然、2)思惟的自然、3)全自然、4)あらゆる自然一般の起源、あるいは最高根拠」(XXVIII 365)。その上で、1)を論じる学が「合理的自然学」、2)を論じる学が「合理的心理学」、3)を論じる学が「合理的世界論」、4)を論じる学が「合理的神学」だと言われている(Vgl. Ebd.)。ここで提示されている自然の分類と学問名から推測するに、この記述は「建築術」の学問分類に対応するものだと考えられる。

（7） 二〇一三年に出版されたバウムガルテン『形而上学』の英訳の訳者解説では、「形容詞的自然」と「形式的な意味での自然」、「名詞的自然」と「質料的な意味での自然」が完全に同一視されている。Baumgarten, A. G., *Metaphysics. A Critical*

Translation with Kant's Elucidations, Selected Notes, and Related Materials, Fugate, C. D.; Hymers, J. (trans.), Bloomsbury, 2013, pp. 25–29.

第四章　第二類推論と充足根拠律

はじめに(1)

本章の目的は、「第二類推論」を「ヴォルフ学派に対するカントの応答」と位置づけることで、「類推論」全体をヴォルフ学派の世界論に対する応答として位置づけるための視座を確保することである。

前章では、カントの自然概念の源泉史的な考察を通じて、批判期のカントが自然という言葉を世界とほぼ同義で使う場面があることを示した。さらに、「世界の質料」と「世界の形式」に関する問題を、批判期のカントは「質料的に見られた自然」と「形式的に見られた自然」の二分法を駆使して論じていたことを明らかにした。それゆえ、批判期のカントにとって、複数の実体がいかに一つの世界をなしうるのか、という「世界の統一」に関する問題は、「自然の統一」の条件を問うという形で論じられていると考えられる。

この「自然の統一」に関する議論は、批判期の著作の中では『純粋理性批判』の「類推論」において、まとまった形で行われている。この点は「したがって我々の諸類推は本来あらゆる諸現象の連関における自然の統一をある種の指数の下で示すが、これらの指数が表現するのは、(時間があらゆる現存を自らの内に包括する限りでの)時間と統覚の統一との関係に他ならない。統覚の統一はただ諸規則にしたがった総合においてのみ生じうる」(B 263)という記述から裏付けられる。というのも、この記述によれば、「類推論」の目的は、無数の現象が一つの自然をなすための条件を時間と統覚の統一との関係を手がかりに示すことだからである。それゆえ、「類推論」は、「自然の統一」あるいは「世界の統一」という伝統的世界論の問題に一定の回答を与えるための議論だと考えられる。

とはいえ、以上の立脚点から「類推論」を検討した研究はきわめて少ない(2)。その一因としては、「類推論」がヒュームの因果論に対するカントの応答として考察されてきたことが挙げられる(3)。確かに、三つの「類推論」のうち、「第二類推論」は、アプリオリな起源を持つ因果連結の概念が現象に対する客観的妥当性を持つことを証明する議論である。そして、「第二類推論」の主張は経験の領域においても因果の概念に主観的妥当性しか認めなかったヒュームの立場と好対照をなす。それゆえ、「第二類推論」をヒュームの因果論に対する応答とみなすことは不可能ではない。けれども、これらの研究の多くは、「第二類推論」とヒュームの因果論との比較検討に終始し、「類推論」全体とヒュームの哲学との関連をほとんど問題にしてこなかった。このことが、「類推論」全体の主題や仮想敵に関する考察を遅らせてきた原因だと考えられる。

それゆえ、「類推論」を「世界の統一」の問題に対するカントの応答と位置づけるための前準備として、以下の二つの問いに答える必要があるだろう。一つ目の問いは、ヒュームが「世界の統一」の問題に取り組んでいたのか、というものである。仮に、彼が「世界の統一」の問題に取り組んでいないとすれば、「類推論」全体をヒュームの哲学に対する応答とみなすことが困難になるからである。二つ目の問いは、「第二類推論」、あるいは「類推論」全体をヒューム以外の哲学者に対する応答として読むことができるのか、というものである。「第二類推論」が「世界の統一」の問題に取り組む哲学者を仮想敵にした理論であるという証拠があれば、「類推論」全体もこの哲学者に対する応答として位置づけることが可能になるからである。

以上の点を踏まえ、本章では、「第二類推論」が「ヴォルフ学派に対するカントの応答」としての側面を持つことを明らかにしたい。『純粋理性批判』において、カントは「第二類推論」での証明方法が欠けていたために、ヴォルフ学派による「充足根拠律」の独断論的証明は失敗し続けてきたと説明している(Vgl. B 264-265, B 811)。となると、「第二類推論」は、ヴォルフ学派による「充足根拠律」の証明との関連からも考察されなければならないと思われる。しかし、こうした観点からの「第二類推論」の研究はこれまでほとんど行われてこなかった[4]。

そこで、本章では、批判期におけるヴォルフ学派の「充足根拠律」の証明に対するカントの批判を手引きに、「第二類推論」がカントによる「充足根拠律」の新たな証明であることを明らかにする。その上で、ヒュームの実体と力に関する議論を吟味することで、ヒュームが「世界の統一」の問題に取り組んでいなかったことを明らかにする。こうした作業によって、上記二つの問いに回答し、本章の目的を達成したい。

議論は以下の順序で進められる。第一節では、一七九〇年に出版された『純粋理性批判の無用論』(以下、『無用論』)を手がかりに、カントが、命題が真であるための根拠にかかわる「充足根拠律」と物の「現存在の根拠」にかかわる「充足根拠律」を区別することで、ヴォルフ学派の「充足根拠律」の証明の抱える問題点を解決しようとしていたことを示す。第二節と第三節では、『無用論』とほぼ同時期のものとされる『形而上学講義L_2』(以下、『L_2』)に依拠して、物の「充足根拠律」の適用範囲と証明方法を明らかにしつつ、「第二類推論」が物の「充足根拠律」の「経験の可能性」に基づく証明であることを示す。第四節では、ヒュームの因果論と「第二類推論」の関係を確認した上で、「第二類推論」がどのような意味で「ヴォルフ学派に対するカントの応答」であるかを明らかにする。第五節では、ヒュームの因果論が「類推論」の目的を共有していないことを示すことで、「類推論」

全体をヒュームに対する応答とみなすことは難しいことを明らかにする。

第一節　ヴォルフ学派による「充足根拠律」の証明とその問題点

『無用論』において、カントはエーベルハルトによる「充足根拠律」の証明を全文引用した上で、この証明に対して、①証明されるべき命題が両義的に立てられていること、②証明に統一性が欠けていること、③エーベルハルトの証明の後半部に四個名辞の虚偽が見出されること、④「充足根拠律」を無制限に使用していること、という四つの批判を行っている(Vgl. VIII 196-198)。このうち、②と③の批判は、エーベルハルトの証明に固有の批判であるのに対し、①と④の批判は、エーベルハルト以外のヴォルフ学派の証明にも当てはまる批判である。本節では、①と④の批判に着目して、ヴォルフ学派による「充足根拠律」の証明の特色とその問題点を明らかにする。

まず、エーベルハルトの証明を見ていこう。この証明は以下の文章で始まる。「あらゆるもの(Alles)は根拠を持つか、あらゆるものは根拠を持つわけではないかのいずれかである。したがって、後者の場合、その根拠が無(Nichts)であるような或るもの(Etwas)が可能で、思惟可能でありうることになってしまうだろう」(VIII 196)。ここまでが証明の前半部である。カントによれば、前半部は、「これは自己矛盾である」という結論が欠けている以外はバウムガルテンの証明と変わりない、という(Vgl. VIII 197)。実際、『形而上学』の「存在論」部門で、バウムガルテンは、「あらゆる可能なもの(omne possibile)」が根拠を持たない場合、無がその根拠になってしまうことを論拠にして、「何ものも根拠なしにはない(Nihil est sine ratione)」ことを証明している(Cf. M. §. 20)。

これに続く証明の後半部は、以下の文章で始まる。「さて、二つの対立する物の一方が充足根拠がなくても存在しうる場合、二つの対立する物のもう一方も充足根拠がなくても存在することができてしまうだろう」(VIII 196)。このことを説明するために、エーベルハルトは、東に吹く根拠がないのに、東に吹くことができる風という例を用いている。彼によれば、このような風は東に向かって吹くのと同じように(ebensogut)、つまり同時に(zugleich)西にも吹くことができる、という。そして、彼は、その場合「或るものが、同時にありかつないことが可能になってしまうが、こうしたことは矛盾しており、不可能である」(Ebd.)と主張して、証明を締めくくる。この部分は、バウムガルテンの証明には見出されない。

続いて、カントによる①と④の批判を見ていこう。①の批判は、証明冒頭の「あらゆるもの(Alles)」という言葉の曖昧さを指摘したものである。この「あらゆるもの」という言葉は「あらゆる命題(ein jeder Satz)」と「あらゆる物(ein jedes Ding)」のどちらの意味でも使うことができる。しかし、カントによれば、「あらゆる命題は根拠を持つ」という命題と「あらゆる物は根拠を持つ」という命題では、異なる証明方法を必要とする、という(Vgl. VIII 193-197)。つまり、「あらゆる命題は根拠を持つ」という命題は「論理的原理(das logische Prinzip)」であり、矛盾律から直接導出される(Vgl. VIII 193-194, 197)[5]。これに対し、「あらゆる物は根拠を持つ」という命題は「超越論的原理(das transzendentale Prinzip)」であり、矛盾律から直接導出されることはない(Vgl. VIII 194, 197)。したがって、エーベルハルトが本来異なる取り扱いを必要とする「論理的原理」と「超越論的原理」を一括りにした上で、矛盾律だけで「充足根拠律」の普遍性を証明しようとしている点に、カントの批判は向けられているのである。

他方、④の批判は、あらゆる物に根拠を認めてしまった場合には、神の「無制約者(das Unbedingte)」としての身分が脅かされてしまうことを指摘するものである(Vgl. VIII 198)。カントによれば、神の「現存在の根拠

(der Grund des Daseins)」、つまり「実在的根拠(der Realgrund)」を神自身の内に見出すことは不合理である。なぜなら、命題が真であるための「論理的根拠(der logische Grund)」は命題の内に含まれるのに対し、物の「現存在の根拠」は、当の物とは異なる物の内になくてはならないからである(Ebd.)。[6] にもかかわらず、神を含むあらゆる物に「現存在の根拠」を認めてしまった場合、神が他の存在者に依存していることになってしまう。以上の議論に依拠して、命題の根拠と物の根拠を区別せずに、「充足根拠律」の制限のない普遍性を証明するエーベルハルトの方法が、神の「無制約者」としての身分を脅かしていることを批判しつつ、カント自身は、神は「現存在の根拠」がなくても存在する、と主張するのである。[7]

結局、④の批判からわかるのは、矛盾律にのみ依拠して「充足根拠律」の普遍性を証明しようとしたヴォルフ学派の手法が「無制約者」としての神の身分を脅かしてしまうことを、カントが問題視していたことである。それに加え、①の批判からは、命題が真であるための根拠にかかわる「充足根拠律」(以下、命題の「充足根拠律」と呼ぶ)と物の「現存在の根拠」にかかわる「充足根拠律」(以下、物の「充足根拠律」と呼ぶ)を区別し、それぞれに異なる適用範囲と証明方法を要求することで、カントがヴォルフ学派の「充足根拠律」の証明の問題点を解決しようとしていたことがわかる。そこで次節からは、矛盾律だけでは証明することのできない物の「充足根拠律」の適用範囲と証明方法に着目して議論を進めていこう。

第二節　物の「充足根拠律」の限界確定
——「あらゆる偶然的な物は根拠を持つ」という命題をめぐって

本節では、主に『無用論』とほぼ同時期の講義録とされる『L_2』に依拠して、カントがどの程度まで物の「充足根拠律」の適用範囲を制限したのかを明らかにする。『L_2』では、物の「充足根拠律」を制限なく使用した場合、不合理が生じると言われている(Vgl. XXVIII 551)。この点は、前節で論じた④の批判からも明らかであろう。その上で、カントは物の「充足根拠律」をある種の制限にしたがって使用すると述べつつ、物の「充足根拠律」として「あらゆる偶然的な物は根拠を持つ」(Ebd.)という命題を取り上げる。[8] では、『L_2』のこの命題は何を意味するのだろうか。また、『純粋理性批判』においてたびたび言及される「あらゆる偶然的な物は原因を持つ」という命題とこの命題を同一視できるのだろうか。[9]

まず、後者の問いに対しては、『L_2』の命題と『純粋理性批判』の命題を同一視してもさほど問題はない、と答えることができる。確かに、『L_2』には「原因(Ursache)と根拠(Grund)は区別されなくてはならない」(XXVIII 571)という記述がある。しかし、これに続く「可能性の根拠を含むものは、根拠(ratio)あるいは存在原理(principium essendi)である。現実性の根拠(der Grund der Wirklichkeit)、生成原理(principium fiendi)は原因(causa)である」(Ebd.)という記述からもわかるように、その区別は、「現実性の根拠」と「可能性の根拠」の違いにかかわるものである。そしてその際、「現実性の根拠」と「原因」はほぼ同じ意味で使われているのである。また、一七八二年から一七八三年頃のものとされる『ムロンゴヴィウスの形而上学』には、前節で論じた「現存在の根拠」と「原因」が同一視されている箇所もある(Vgl. XXIX 809)。それゆえ、「あらゆる偶然的な物は根拠を持つ」という命題の「根拠」という言葉は「原因」と読み替えても差し支えない、と考えられる。[10]

次に、この命題の主語である「偶然的な物」がどのような意味で使われているかを確認しよう。この点を解明するためには、「その非存在が可能である」(B 301)という偶然性の定義における「可能である」という言葉の両義性に着目する必要がある。なぜなら、概念を思惟するための条件ではなく、物の偶然性を認識するための条件を問題とする場合、上記の定義の中の「可能である」という言葉は、「自己矛盾しない」という論理的な意味ではなく、「物の概念が経験一般の形式的条件に合致すること」(B 267)という実在的な意味で解されなくてはならないからである。実際、運動している物体について、その状態の非存在、つまり物体が静止している状態を思惟しても何の矛盾もないが、それだけでは、この運動の状態が偶然的であることを認識したことにはならない。むしろ、運動という状態の非存在が可能であることを、時間という経験の可能性の条件に合致した仕方で認識するためには、物体が時点Aで運動し、時点Bで静止することを認識するしかない。カントが、「フェノメナとヌーメナ」で、物の偶然性の認識条件として、継起において非存在の後に生じる現存在を表象すること、つまり「変易」を表象することを挙げているのはこうした事情によるものなのである(Vgl. B 301)。そして、『L_2』にも「物の偶然性をわれわれは物の生成消滅に依拠してのみ認識できるのであって、これを単なる概念からは認識できない。生じるもの、前になかったもの、およびその反対(＝今はもうないもの)が偶然的なのである」(XXVIII 572)という記述がある。それゆえ、この命題の主語の「偶然的な物」は、生起するものと同義であると言えるだろう。

以上のことから、カントは、「あらゆる偶然的な物は根拠を持つ」という物の「充足根拠律」を、「あらゆる生起する物は原因を持つ」と解したことがわかる。つまり、カントは、この命題によって、物の「充足根拠律」を時間において系列をなす現象にのみ適用することを宣言している、と言えよう。そして、その場合、物の「充足根拠律」は、「あらゆる変化は原因と結果の連結の法則にしたがって生じる」(B 232)という「第二類推の原則」とほぼ同じ意味内容を持つことになる。以上の点を踏まえつつ、次節では、物の「充足根拠律」の証明方法と「第二類推論」との関係を問題とする。

第三節　物の「充足根拠律」の新たな証明としての「第二類推論」

本節では、物の「充足根拠律」の証明方法に関するカントの叙述を手引きに、「第二類推論」をカントによる物の「充足根拠律」の証明として再構成する。まず、『L_2』における物の「充足根拠律」の証明方法に関する記述を見ていこう。「この命題（＝「充足根拠律」）を証明することは、分析的には不可能である。というのも、「何かが生起する場合に、なぜそれが生起するか、の根拠がなくてはならない」という命題は、総合的命題だからである。単なる概念からこの命題は引き出されえない。アプリオリにこの命題が可能なのは、可能的経験との連関における概念の関係によってである。充足根拠律は、可能的経験の基礎をなす命題なのである」（XXVIII 551）。この『L_2』の記述は、「経験の類推」の末尾における「充足根拠律」の言及と主旨を同じくする。この箇所で、自らの提唱する「経験の可能性」に基づく証明方法ではなく、単なる概念の分析による証明方法しかなかったために、「充足根拠律についてきわめてしばしば証明が試みられてきたが、それは常に徒労に終わった、ということが生じたのである」（B 264-265）とカントは述べている。つまり、「経験の類推」は、ヴォルフ学派の証明とは異なる「充足根拠律」の証明を提示する役割を担っている議論なのである。とりわけ、「第二類推論」がその役割を担っていることは、「第二類推論」の以下の記述からもうかがい知ることができる。

（引用A）しかし、何かを時間継起の点で規定するこの規則は、先行するものにおいて、その下で出来事が常に（つまり必然的に）継起する条件が見出されなくてはならない、というものである。したがって、充足根拠律(der Satz vom zureichenden Grunde)は、可能的経験の根拠、つまり時間の系列における現象の関係に関して、現象を客観的に認識するための根拠である。(B 245–246)

(引用B) しかし、この命題〔＝充足根拠律〕の証明根拠はただ以下の契機にのみ基づく〔この文以降、実際に「充足根拠律」の証明根拠が提示される〕。(B 246)

引用Aでは、「充足根拠律」が出来事の経験を可能にする根拠を示すものとして、「第二類推の原則」とほぼ同一視されている。もちろん、ここで問題となっているのは、命題の「充足根拠律」ではなく、物の「充足根拠律」である。そして、引用Aに続く段落の冒頭部である引用Bで、カントは、物の「充足根拠律」の証明根拠を提示することを予告している。つまり、引用Aを含む段落と引用Bを含む段落は、一緒になって、物の「充足根拠律」の定式とその証明根拠を示す役割を果たしているのである。したがって、ペイトンのように、引用Aでの「充足根拠律」の言及をカントの「単なる不注意」、引用Bを含む段落を「第二類推論」の「要約」と解釈してしまえば、「第二類推論」と「充足根拠律」との密接な連関を見落としてしまうだろう。(11)

以上のことを踏まえて、以下では、引用Bを含む段落で提示されている証明根拠に依拠して、「第二類推論」を物の「充足根拠律」の「経験の可能性」に基づく証明として再構成する。この段落で示される証明根拠の大部分は、「第二類推論」の他の箇所の議論と共通のものである。そして、それは、①構想力による表象の「把捉(Apprehension)」だけでは出来事を経験できないことの指摘、②原因と結果の連結の概念が出来事の経験に不可欠であることとの証明、という二つの要素に集約することができる。

まず、①に関して。問題の段落の冒頭部で、カントは、構想力による多様の総合が常に継起的であることを確認している(Vgl. B 246)。「第二類推論」の他の箇所では、この構想力による多様の総合は「把捉」と呼ばれ、議論の重要な前提となっている。例えば、一目で見渡すことのできない大きな家の知覚を成立させるためには、家の現象の多様(土台、窓、ドアなど)を目に入った部分から順々に「把捉」しなくてはならない。しかし、「時間そのものは知覚されえない」(B 233)のだから、実際に、現象の多様が存在している時点を直接知覚することはできない。それゆえ、感官と構想力だけでは、常に継起的である「把捉」された多様とは異なる現象の多様のあり方(家の多様は実際には同時に存在すること)を認識できないことになる。これは同時に、構想力の「把捉」だけでは、出来事の経験が不可能であることを意味する。なぜなら、カント自身がしばしば述べているように、この状況では、ある現象を他の現象から区別できないからである(Vgl. B 235, B 237, B 238, B 239 etc.)。例えば、舟が川を下るという出来事を認識するためには、上流にある舟から下流にある舟という順で舟の位置を「把捉」する必要がある。しかし、「把捉」は常に継起的に行われるので、上流と下流に二艘の舟が同時に存在していることを経験する際にも、上記の順序で「把捉」が行われる。したがって、構想力による多様の「把捉」だけでは、舟が川を下るという現象と、上流と下流に二艘の舟が同時存在するという現象を区別することができず、そもそも出来事の経験が不可能になってしまうのである。以上が「第二類推の原則」の証明の第一段階である。[12]

次に、②に関して。①の議論を踏まえて、「把捉」の主観的継起から区別された出来事の経験を成立させるための条件が問われる。「したがって、この場合(＝川を下る舟の位置の把捉の場合)、把捉における知覚の継起における順序は規定されており、この順序に把捉は拘束されている」(B 237)という舟の例の説明からもわかるように、出来事の経験の成立のためには「把捉」の順序が決定されていることが不可欠である。問題は、「把捉」の順序が決定されるためには、どのような条件が必要か、ということである。この点について、問題の段落でカントは以下のように述べている。「したがって、私の知覚が、出来事の認識を、すなわち何かが実際に生じるという認識を含むべきだとすれば、その知覚は経験的判断でなくてはならず、この判断において、継起が規定されていることが、つまり継起は他の現象を時間の点で前提しており、この現象の後に、継起が必然的に、すなわち規則にしたがって生じる、ということが思惟されるのである」(B 246-247)。ここでポイントとなるのは、先行する現象との関係に依拠して継起を規則にしたがわせることが、出来事の経験を成立させるための条件とされていることである。そして、この条件こそ、「それにしたがって、後続するもの(生起するもの)が、何らかの先行するものによって、その現存在に関して必然的に、つまり規則にしたがって時間において規定されているような(可能的知覚としての)現象の関係」(B 247)、つまり「原因と結果の関係」(Ebd.)に他ならない。前出の舟の例で言えば、舟の運動に先行する現象を舟の運動の原因、舟の運動をこれらの原因の結果とみなすことによってのみ、舟の位置の「把捉」の順序が決定される。そして、このことによってのみ、出来事の経験が可能になるのである。

以上の証明は、出来事を分析することで、「あらゆる生起する物は原因を持つ」ことを証明しているのではない。むしろ、「第二類推論」は、①と②のプロセスによって、分析されるべき当の出来事が、そもそも原因と結果の連結というアプリオリな総合なしには、生じえないことを証明する「経験の可能性」に基づく証明なのである。そして、これは同時に、「あらゆる偶然的な物は根拠を持つ」という物の「充足根拠律」を矛盾律以外の方法で証明していることにもなる、と言えよう。

第四節　「ヴォルフ学派に対するカントの応答」としての「第二類推論」の位置づけ

本節では、ヒュームの因果論と「第二類推論」との関係を確認した上で、「第二類推論」がどのような仕方で「ヴォルフ学派に対するカントの応答」となっているかを考察したい。その際重要となるのは、「第二類推論」の以上の証明は、「あるタイプの原因から必ず同じタイプの結果が生じる」というSame-Cause-Same-Effectテーゼ(以下、ＳＣＳＥ)を保証するものではない、ということである。なぜなら、哲学における類推では、三つの項が与えられた場合でも、第四項に対する関係しか認識できず、第四項そのものを認識できないからである(Vgl. B 222)。つまり、数学における類推(ex. 比例式)とは異なり、「第二類推論」の場合、「原因：結果＝Ｘ：出来事(ex. 舟の移動)」のように三つの項が与えられた時点で、直ちにＸの内容が決定されるわけではない。むしろ、出来事が何らかの原因を持つことを出来事の「経験の可能性の条件」とすることで、「第二類推論」は「第四項(＝原因)を経験において探求するための規則」(Ebd.)を与えているにすぎない。それゆえ、「第二類推論」が保証するのは、「あらゆる出来事は何らかの原因を持つ」というEvery-Event-Some-Causeテーゼ(以下、ＥＥＳＣ)だけである。

まず、「第二類推論」をヒュームの因果論との関連で考察する場合、ＥＥＳＣの起源が問題となる。この点は、「第二類推論」において、ある現象が他の現象に引き続いて生じることを何回も知覚することで、「ある種の出来事がある種の現象の後に常に継起するという規則(＝ＳＣＳＥ)」を発見し、さらに、ＳＣＳＥを普遍化することによって、原因の概念(＝ＥＥＳＣ)を得るヒューム的な帰納の議論に対して批判が向けられていることからうかがい知ることができる(Vgl. B 240-241)[13]。こうした議論について、カントは「そのような立場では、この概念(＝原因の概念)は単に経験的なものでしかないだろうし、またあらゆる生起するものは原因を持つ、というこの概念が与える規則は、経験そのものと同様偶然的であろう」(B 241)と述べている。実際、ヒュームは、こうした議論に基づいて、原因と結果の連結は習慣に基づく主観的な信念にすぎないと主張する。これに対し、「第二類推論」

で、カントは、ヒュームにとってＳＣＳＥとＥＥＳＣに関する信念を得るための条件である出来事を経験するために、そもそもアプリオリな原因と結果の連結のカテゴリーが不可欠であることの証明を行っている。その限りで、「第二類推論」は、「ヒュームに対するカントの応答」を示していると言える。[14] しかし、だからといって、「第二類推論」において、カント哲学におけるＳＣＳＥの身分が示されたわけではない。それゆえ、ＳＣＳＥにかかわる問題だけが「ヒュームが否定し、カントが確立したいと思うことだ」[15]と主張した上で、「第二類推論」において、カントは変化の知覚の不可逆性からＳＣＳＥを不当推論したとみなすラブジョイの解釈[16]や、「第二類推の原則」そのものをＳＣＳＥとみなす解釈[17]は、「第二類推論」の解釈としては妥当とは言えないだろう。

これに対し、ヴォルフ学派との関連で「第二類推論」を考察する場合、問題なのは原因の概念の適用範囲である。『無用論』の議論からわかるように、カントは、原因性のカテゴリーを、思惟可能なもの＝「物一般(Dinge überhaupt)」に対して無差別に適用できることを、矛盾律だけを用いて証明したヴォルフ学派の手法に批判を向けていた(Vgl. VIII 198)。それに加え、ヴォルフ学派の存在論では、原因性のカテゴリーのみならず、カントの他のカテゴリーや空間と時間さえも「物一般」の規定として扱われている。[18] それゆえ、空間と時間を「感性の形式」として「悟性の形式」であるカテゴリーと区別した上で、「経験の可能性の条件」としてのカテゴリーが、超越論的図式を媒介にして、空間と時間における現象にのみ適用可能であることを示す『純粋理性批判』の「分析論」の議論は、ヴォルフ学派の存在論批判としても機能すると考えられる。このことは、「物一般についてアプリオリな総合的認識(例えば、原因性の原則)を体系的教説において与えると僭称する存在論という誇らしげな名称は、純粋悟性の単なる分析論という控えめな名称に席を譲らなくてはならない」(B 303)というカントの主張からもうかがい知ることができる。そして、原因や原因性のカテゴリーを、「それが任意に定立されると、その後に必ず他のあるものが生じるような実在的なもの」(B 183)、「規則に従属している限りでの多様の継起」(Ebd.)

といった時間順序にかかわる超越論的図式を媒介にして、空間と時間における現象にのみ適用できることを示す「第二類推論」は、物の「充足根拠律」がＥＥＳＣに他ならないことを矛盾律以外の仕方で証明することで、ヴォルフ学派の存在論における「充足根拠律」の証明に対して応答しているのである。

第五節　「第二類推論」をヒュームに対する応答として読む際に発生する問題点
――ヒュームの実体と力の観念に関する批判

最後に、本節では、「第二類推論」を「ヒュームに対するカントの応答」として解釈した場合、ある種の不合理が生じることを明らかにする。その際重要となるのは、「第二類推論」の因果論は本来「第一類推論」の実体の持続性に関する議論と「第三類推論」の実体間の相互作用に関する議論と不可分の関係にあることである。というのも、「類推論」全体の目的は、これら三つの類推の原則によって、現象界における多くの実体が一つの全体、つまり自然をなすことを証明する点にあるからである。要するに、三つの「類推論」は、複数の実体がいかにして一つの全体をなしうるのか、という「世界の統一」の問題に応答するための議論なのである。けれども、ヒュームは「類推論」の目的もそのための前提も共有していない。このことを示すために、本節では、ヒュームの実体概念と機会原因説に対する批判に着目したい。

まず注目すべきは、ヒュームが実体概念を想像力の産物とみなしていた点である。この点は、『人間本性論』第一巻第一部第六節「様態と実体について」において詳しく説明されている。この箇所で、ヒュームは実体の観念の起源を問うている。観念の起源を問う際、彼は基本的に、「我々の全ての観念、つまりより微弱な知覚は、我々の印象、つまりより生き生きとした知覚のコピーである」(EHU 2.5)という原理に依拠している。[19]それゆえ、ある観念の起源を示す際には、観念のコピー元である印象を証示することが重要なのである。実際、実体の観念の起源を問う際も、彼は、実体の観念に対応する「感覚の印象(impressions of sensation)」と「反省の印象(impressions of reflection)」の有無を問うている。「感覚の印象」とは、五感を通じて受け取られる感覚与件のことであり、「反省の印象」とは情念と欲望のことである(Cf. THN 1.1.2.1)。[20]けれども、彼は実体の観念は「感覚の印象」に由来しないと主張する。それは、実体の観念が、色や音や味のように五感を通じて知覚されないからである。さらに彼は、実体の観念が「反省の印象」にも由来しないと主張する。それは、情念や欲望の中にも実体の観念に対応するような印象がないからである。以上のことから、ヒュームは、ある実体の観念を構成する個々の質に対応する印象はあるとしても、これらの質が内属する「未知なる何か」、つまり実体の観念に対応する印象はない、という結論を下している。

以上の議論を踏まえ、ヒュームは「実体の観念も様態の観念も想像力によって統一された単純観念の集合にすぎない」(THN 1.1.6.2)と述べている。この主張の拠り所となるのは、アリソンによって「分離原理(the separability Principle)」と名づけられた原理である。[21]『人間本性論』において、ヒュームはこの原理を「互いに異なる対象はみな区別可能であり、互いに区別可能な対象は思惟と想像力によって分離可能である」(THN 1.1.7.3)、あるいは「互いに異なるあらゆる観念は分離可能である」(THN 1.1.7.17)と定式化している。さらに、『人間本性論』の付録で、ヒュームはこの原理を「あらゆる知覚は異なる。したがって、あらゆる知覚は区別可能で、分離可能であり、何の矛盾にも不合理にも陥ることなく、分離して現存するものとして想定されるだろうし、分離して現存するだろう」(THN App. 12)とも定式化している。要するに、この原理によれば、ある知覚が他の知覚と異なるならば、これらの知覚は分離して考えることができるのみならず、実際に分離して存在するというのである。それゆえ、この原理にしたがえば、実体を構成する単純な観念が相異なる以上、これらの観念は互いに分離されうるし、独立に自存することになる。したがって、これらの単純観念が成り立つために、「未知なる何か」に内属し、依存する必要はないのである。以上の論拠から、ヒュームは、実体の観念を、本来互いに自存しているはずの単純観念が想像力によって連結された結果生じたものとして位置づけたのである。

次に注目すべきは、力や原因の概念にもヒュームはきわめて懐疑的な態度を取っていたことである。この点は、『人間知性研究』第七章「必然的連結の観念について」における機会原因説批判から明らかになる。この箇所で、ヒュームはマールブランシュの機会原因説に一定の共感を示しつつも、最終的に機会原因説を否定している。ヒュームが機会原因論者に共感を示すのは、彼らが世界の事物間の影響関係を否定したからである。機会原因論者を、ヒュームは以下のように特徴付けている。「吟味をもう少し先まで進める哲学者達が直ちに感得するのは、最も見慣れた出来事においてさえ、原因のエネルギーは最も異常な出来事における場合と同様に不可解であり、我々は経験によってただ諸対象の度重なる《連接》を学ぶだけであり、諸対象の間の《連結》のようなものを把握することは決してできないということである」(EHU 7.21)。ここで、機会原因論者は、力や対象間の因果連結を経験によって見て取ることができないというヒュームの立場の先駆者と位置づけられている。その上で、ヒュームは機会原因説を以下のように説明している。「彼らが言い張るのは、通常原因と呼ばれているあれらの対象は、実際のところ機会に他ならず、あらゆる結果の本当かつ直接の原理は、自然における能力と力ではなく、至高存在者の意志作用であり、この至高存在者がそのような特定の対象が永遠に互いに連接するように欲するということである」(ibid.)。この説明によれば、一つ目のビリヤードボールの後に、二つ目のビリヤードボールが動く原因は、一つ目のビリヤードボールの力ではなく、神の意志作用である。つまり、一つ目のビリヤードボールの衝突を機会にして、神が二つ目のビリヤードボールを動かしているのである。こうした説明において、ビリヤードボールのいずれにも他の事物の状態を変えるような力はない。さて、ヒュームも、二つのビリヤードボールの間に作用する力を経験することはできないと考えていた。したがって、世界における事物の力は未知であると主張する点に、機会原因論者とヒュームの立場の共通点を見ることができると思われる。

けれども、ヒュームは最終的に機会原因説を否定するに至る。そのために、彼は二つのタイプの反論を提出している。一つ目のタイプの反論は、神が常に世界に介入するとみなすことで、この理論は神の偉大さを失墜させてしまっているのではないか、というものである(Cf. EHU 7.22)。いま一つのタイプの反論は、神の力を経験しえない以上、神の力を議論の前提にするのは不当ではないか、というものである。この点について、ヒュームは「確かに、我々は、物体が互いに作用しあう仕方について無知である。つまり、物体の力やエネルギーは全面的に把握不可能である。しかし、我々は、心、あるいは最高の心さえ、それが自分自身、あるいは物体に対して作用する仕方あるいは力についても等しく無知なのではないか。それゆえ、諸君に懇願したいのだが、我々はそのような力の観念をどこから獲得するのだろうか」(EHU 7.25)と指摘している。以上のヒュームの主張は、以下の論拠に基づいている。後続する箇所で言われているように、我々が最高存在者の観念を獲得する唯一の方法は自分自身の能力を反省することである(Cf. ibid.)。さて、ヒュームは、人間の身体に対する意志作用も心に対する意志作用も未知であることを確証していた。したがって、人間の意志作用が未知である以上、神の意志作用も未知なのである。このように、ヒュームは、力の未知性の問題を徹底的に普遍化することで、機会原因説と袂を分かったと言えるだろう。

ただし、ヒュームは、力の観念が未知だからといって、この観念を全面的に否定したわけではない。確かに、彼は、力の未知性から生じる帰結について、「必然的結論は、次のようになると思われる。つまり、我々はいかなる連結の観念、あるいは力の観念も全く持たないこと、そして、これらの言葉は哲学的推論か日常生活で使われる場合、絶対的にいかなる意味も持たないということである」(EHU 7.26)と述べている。しかし、これは彼の最終見解ではない。このことは、以下の二点から裏付けられる。まず、この文章の「思われる(seems)」という表現がイタリックで書かれていることである。ヒュームがこの箇所をイタリックで強調したのは、力の未知性から力の観念が全面的に否定されるように見えるが、実際にはそうではないことを念押しするためだと考えられる。次に、これに続く文章で、ヒュームが「しかし、この結論を避けるための一つの方法が残っているし、我々がまだ吟味していない一つの源泉が残っている」(EHU 7.27)と主張していることである。この文章からわかるように、ヒュームには力の観念の起源を探求する手立てがまだ残されているのである。

では、その手立てとはどのようなものだろうか。それは、一回限りの連接の経験だけでなく、恒常的連接の経験と習慣に着目することである。この点を踏まえ、ヒュームは、力の観念の起源に関する問題について、「したがって、我々が心において感じるこの連結、一つの対象からその恒常的に後続するものへと向かう想像力のこの習慣的移行こそ、力、あるいは必然的連結の観念が形成されるもととなる心もち、あるいは印象である」(EHU 7.28)という結論を下している。つまり、ヒュームは、力の観念は、経験の蓄積と習慣によって形成される対象間の主観的な連結であるという見解を提示することで、力の観念を自らの体系内に保持したのである。この点でヒュームの立場は機会原因説とはっきりと区別される。

以上のことから、ヒュームは、「類推論」の前提を共有していないことがわかる。ヒュームは実体を想像力の産物とみなした。というのも、「分離原理」に依拠する限り、一つの実体に内属し依存しなくても、多くの観念は自存できるからである。これに対し、「類推論」において、カントは、出来事や同時存在を認識するために、実体カテゴリーが必要であると主張している。これは、出来事や同時存在の認識を諸実体の偶有性の認識と見る立場とも言える。それゆえ、ヒュームは、実体の概念をあらゆる認識に不可欠な条件とみなす「第一類推論」の前提を共有していない。

さらに、ヒュームはカントの「類推論」の目的も共有していない。このことは、ヒュームとカントの因果モデルが大きく異なることに起因する。[22] ヒュームにとって、因果関係の項となるのは、実体ではなく、観念あるいは出来事である。しかも、実体の観念を虚構とみなしていた以上、彼には、ライプニッツやバウムガルテンやカントのように、実体間の因果関係や影響関係を論じるという発想がそもそもなかったのである。これに対し、カントが論じていたのは、実体間の影響関係である。もちろん、カントの因果関係のモデルをどう解釈するかという点はかなり難しい問題であるので、詳しくは次章で改めて論じる。それでも、カントが現象間の因果関係を説明するために、実体や力の概念を前提していたことは確かである。そして、「第三類推論」において、カントは、こうした因果論を前提にして、定義上自存するはずの無数の実体がいかに一つの自然をなすのかという問題を論じている。この問題こそが、近世の哲学者の多くが共有していた「世界の統一」をめぐる問題に他ならず、この問題にカントなりの答えを与えることが、「類推論」の最終目的なのである。その点で、カントの「類推論」は、機会原因説や予定調和説を論じる哲学者の問題設定を継承した議論である。これに対し、ヒュームの因果論は「世界の統一」の問題を視野にいれた議論ではない。それゆえ、カントの因果論をヒュームの因果論に対する直接の応答とみなすのは困難なのである。

おわりに

これまで見てきたように、カントは、ヴォルフ学派が「根拠」という語の持つ多様なアスペクトを区別せずに、矛盾律だけを用いて「充足根拠律」の普遍性を証明しようとしたことに問題点を見出していた。そして、この問題点を解決するために、カントは、命題の「充足根拠律」と物の「充足根拠律」を区別し、両者に異なる適用範囲と証明方法を要求したのである。こうした背景を踏まえた場合、「第二類推論」は、物の「充足根拠律」の「経験の可能性」に基づく証明を行っている点で、ヒュームの因果論のみならず、ヴォルフ学派の存在論に対する応答にもなっている、と言える。

さらに、「第二類推論」をヴォルフ学派に対する応答と位置づけることには、大きなメリットがある。第五節で見たように、「類推論」の目的は、「世界の統一」に関する問いに答えることであった。けれども、ヒュームはこの問題を論じなかったし、この問題を論じるための道具立てである実体と力の概念を一種の仮象とみなしていた。それゆえ、「第二類推論」単独ならともかく、「類推論」全体をヒュームの因果論に対する応答とみなすのは問題がある。これに対し、ヴォルフ学派の世界論とカントの「類推論」の目的は共通している。第一章で見たように、バウムガルテンは、実体＝力説に依拠して、これらの実体が一つの世界をなす原理としての予定調和説の正当性を証明していた。これは、バウムガルテンによる「世界の統一」に関する議論である。それゆえ、「第二類推論」のみならず、「類推論」全体もヴォルフ学派に対する応答と位置づけることができるのである。これは、「第二類推論」を「ヒュームに対する応答」とみなした場合にはなかったメリットである。

以上の点を踏まえ、次章では、「類推論」全体、特に「第三類推論」をヴォルフ学派に対する応答と位置づけることで、「類推論」全体の哲学史的な位置づけとその独自性を明らかにしたい。このことによって、第二章で論じた「世界の質料」と「世界の形式」の問題に対する批判期のカントの立場も明らかになるはずである。

（1）　本章は、増山浩人「第二類推論と充足根拠律」、『日本カント研究11　カントと幸福論』、理想社、二〇一〇年、一二三一一三八頁を加筆修正したものである。

(2) ただし、二〇〇〇年以降、この観点から「類推論」全体を論じた研究がいくつか現れている。具体的にはヴォーラース、ハーマン、山本の研究が挙げられる。Wohlers, C., *Kants Theorie der Einheit der Welt. Eine Studie zum Verhältnis von Anschauungsformen, Kausalität und Teleologie bei Kant*, Königshausen & Neumann, 2000; Hahmann, A., *Kritische Metaphysik der Substanz: Kant im Widerspruch zu Leibniz*, de Gruyter, 2009; 山本道雄『改訂増補版　カントとその時代――ドイツ啓蒙思想の一潮流――』、晃洋書房、二〇一〇年。

(3) 「第二類推論」をヒュームの因果論の応答として考察した研究としては以下のものが挙げられる。Cf. Lovejoy, A. O., On Kant's Reply to Hume, in: *Archiv für Geschichte der Philosophie*, 19, 1906, pp. 380-407; Beck, L. W., *Essays on Kant and Hume*, Yale University Press, 1978, pp. 130ff.　また、これ以外の「第二類推論」に関する先行研究も、大抵の場合ヒュームに言及している。

(4) 例外としてロングネスの以下の研究が挙げられる。Cf. Longuenesse, Béatrice, *Kant on the Human Standpoint*, Cambridge University Press, 2005, pp. 117-142.　ただし、この研究では、ヴォルフの根拠の定義についてのカントの批判に着目しつつ、一七五五年の『新解明』の「決定根拠律」の証明方法と「第二類推論」の「充足根拠律」の証明方法の相違を示すことに力点が置かれている。これに対し、本書では、カントが長い間批判し続けたヴォルフ学派の「充足根拠律」の証明と「第二類推論」との関連を明らかにすることに力点を置いて議論を進める。

(5) 『無用論』において、カントは実然的判断と命題を同一視した上で、「あらゆる命題は根拠付けられていなくてはならず（単に可能的判断であってはならないが）、こうしたことは矛盾律から帰結するのである」(VIII 194 Anm.)と主張する。実際、カントは、しばしば蓋然的判断の成立条件としての矛盾律、必当然的判断の成立条件としての排中律とともに、実然的判断の成立条件としての「充足根拠律」を論理的原理として掲げている。その一例としては、イエッシェ編集の『論理学』を参照のこと(Vgl. IX 51-53)。

(6) 命題が自らの内に真であるための根拠を含むのは、「主語の概念は述語の概念とは異なるものであり、この述語の概念について根拠を含むことができるからである」(VIII 198)。例えば、「物体は可分的である」という命題が真である根拠は、「物体」という主語概念の内に含まれている。『L_2』で言われているように、「論理的根拠〔ex. 主語〕」は「それによって何か〔ex. 述語〕が同一律にしたがって定立されたり排除されたりするもの」(XXVIII 549)なのである。これに対し、「実在的根拠」は

「それによって何かが因果律にしたがって定立されたり排除されたりするもの」(Ebd.)であるがゆえに、「実在的根拠」とその帰結が同じ物に含まれていてはならないのである。

(7) カントは、前批判期から一貫して、このタイプの批判をヴォルフやバウムガルテンに向け続けてきた。その一例としては、一七六二年から一七六四年頃のものとされる『ヘルダーの形而上学』を参照のこと(Vgl. XXVIII 13-14)。もちろん、前批判期と批判期の議論を完全に同一視することはできないが、このことから、④の批判は神の「現存在の根拠」をめぐるカントの長年の思索に裏打ちされた批判であるとは言えるだろう。

(8) ドイツ語では、この命題はAlles Zufällige hat einen Grundである。しかし、前後の議論から、この命題が、命題が真であるための根拠ではなく、物の「現存在の根拠」にかかわることは明らかなので、Alles Zufälligeを「あらゆる偶然的な物」と訳出した。

(9) 『純粋理性批判』におけるこの命題にはいくつかのバージョンがあるが(Vgl. B 289-290, B 301)、以下では、物の「充足根拠律」にかかわることを明示するために、「あらゆる偶然的な物は原因を持つ」と表記する。

(10) 以上のratioやprincipiumに関する用語は、バウムガルテンの『形而上学』(Vgl. M. §. 307-318)や前批判期のカントの著作でも使用されている。しかし、本章では、あくまでも批判期のカントにおけるこれらの用語の使用法のみを考察対象として議論を進める。

(11) Cf. Paton, H. J., *Kant's Metaphysic of Experience*, Allen & Unwin, 1936, vol. II, pp. 255-257.

(12) 「第二類推論」を「不当推論(non sequitur)」と非難するストローソンは、この段階を完全に無視している。ストローソンによれば、(1)AとBが一つの客観的な出来事をなし、AがBに時間的に先行する場合、(2)aがAの、bがBの知覚である場合、a→bという知覚の順序が論理必然的に帰結する、という。その上で、彼は、カントがこの論理的必然性から、AからBへの移行が因果律にしたがって生じるという因果的必然性を「不当推論」している、と非難したのである。Cf. Strawson, P. F., *The Bounds of Sense. An Essay on Kant's Critique of Pure Reason*, Methuen, 1966, pp. 136-138. しかし、「時間そのものは知覚されえない」のだから、客観的な出来事の順序(AB)を直接参照して、「把捉」の順序(ab)の論理的必然性を導出するストローソンの手法は、そもそもカントの前提に反していると言わざるをえない。

(13) こうした議論に関しては、『人間本性論』の第一巻第三部第二節「蓋然性について、つまり原因と結果の観念について」とそれ以降の議論を参照のこと(Cf. THN 1.3.2.ff.)。

（14） 実際、ベックはこの点に「ヒュームに対するカントの応答」を見出している。Cf. Beck, *op. cit.*, pp. 130-135. ただし、ヒュームがカントに与えた影響をより深く明らかにするためには、『プロレゴメナ』や『実践理性批判』におけるヒュームに対する言及も踏まえて、両者の哲学を比較検討する必要があるだろう。この点については第六章で詳しく論じる。

（15） Cf. Lovejoy, *op. cit.*, p. 399.

（16） Cf. Lovejoy, *op. cit.*, pp. 400-402.

（17） Cf. Strawson, *op. cit.*, pp. 133-140; Guyer, P., *Kant and the Claims of Knowledge*, Cambridge University Press, 1987, pp. 237-266. 本章ではこれらの解釈に関しては詳しく考察しない。なお、これらの解釈に対する評価・批判は、Bayne, S. M., *Kant on Causation. On the Fivefold Routes to the Principle of Causation*, State University of New York Press, 2004, pp. 55-58, pp. 67-73や、山本、前掲書、二〇三頁以下を参照のこと。

（18） ヴォルフ学派の一人であるバウムガルテンの存在論については、第一章で論じた。その記述を参考にした場合、カントにおける一二のカテゴリーの多くは、彼の存在論では存在者の「内的選言的述語」として論じられている。また、空間と時間は彼の存在論では、存在者の「関係述語」として論じられている。このように、『純粋理性批判』の「感性論」と「分析論」で論じられている概念群は、彼の存在論で論じられている概念群と重なるのである。

（19） なお、「観念は印象のコピーである」というヒュームの原理には、観念は印象に似ているという主張と観念は印象に因果的に依存するという主張が含まれている。アリソンは、この原理を「コピー原理(the Copy Principle)」と名づけた上で、前者の主張を「類似テーゼ(a resemblance Thesis)」、後者の主張を「因果的依存テーゼ(a causal dependence Thesis)」と呼んでいる。Cf. Allison, H. E., *Custom and Reason in Hume. A Kantian Reading of the First Book of the Treatise*, Oxford University Press, 2008, p. 18.

（20） ただし、「反省の印象」は他の観念の後に生じるので、注意が必要である。この点について、ヒュームは、「感覚の印象」と「反省の印象」とを区別した後、「第一の種類〔＝感覚の印象〕は心において根源的に未知なる原因から生じる。第二の種類〔＝反省の印象〕は、大抵は我々の観念に由来する」(THN 1.1.2.1)と述べている。これに続くヒュームの説明を参考にした場合、「反省の印象」の発生過程は以下のように説明できるだろう。例えば、火傷が治った後も、火傷をした時に感じた熱さの印象のコピー、つまり熱さの観念は残る。そして、何かのきっかけでこの熱さの観念が心に現れた時、不快感という新たな「反省の印象」が生まれるのである。

(21) Cf. Allison, *op. cit.*, p. 23.

(22) 近年この問題に注目した研究としては、Watkins, E., *Kant and the Metaphysics of Causality*, Cambridge University Press, 2005 の第四章「カントの因果モデル」が挙げられる。ワトキンスによれば、カントにとって原因は実体あるいは根拠であったという。この点について、彼は同書二四四頁で「ある実体は別の実体の継起的状態を当の実体の本質的自然(essential nature)の一部である不変の根拠によって規定する」と述べている。その上で、同書二四五頁で、彼は、カントの根拠に基づく因果モデルとヒューム的な出来事因果モデルの相違点として、a・根拠は持続的である、b・根拠はその結果と必然的な連関がある、c・根拠は時間的に未規定である、という三点を挙げている。本書では、カントの因果モデルに関するワトキンスの解釈の正否について詳しく論じることはできない。ただ、カントの因果モデルがヒュームの出来事に基づく因果モデルとは異なるというワトキンスの主張には同意する。なお、ワトキンスの解釈に対する批判論文としては、Hennig, B., Kants Modell kausaler Verhältnisse. Zu Watkins' *Kant and the Metaphysics of Causality*, in: *Kant-Studien*, 102, 2011, S. 367–384 がある。同論文の三七四頁では、根拠、あるいは原因が時間的に未規定であるというワトキンスの主張にしたがった場合、ある原因は他の原因の結果ではありえなくなり、因果系列が成り立たなくなってしまうことが指摘されている。

第五章　モナド論に対する応答としての「第三類推論」

はじめに

本章では、「第三類推論」をヴォルフ学派のモナド論に対する応答として解釈する。もちろん、「第三類推論」は先行する二つの類推論とセットで一つの議論をなしている。それゆえ、「第三類推論」だけでなく、「類推論」全体もヴォルフ学派に対する応答として位置づけることが可能なはずである。以上の作業によって、カントの「類推論」の哲学史的な位置づけとその独自性を明らかにすることが本章の目的である。

議論は以下の順序で進められる。「第三類推論」の目的は、相互性のカテゴリーの現象に対する適用可能性を証明することである。そこでまず、第一節では、「第三類推論」の証明構造を概観することで、この目的がどのような仕方で達成されているかを確認する。次に、第二節では、原因性のカテゴリーと相互性のカテゴリーの役割の違いについて論じる。第三節では、『就職論文』における実体間の相互性の問題に対するカントの議論を概観する。その上で、『就職論文』の議論と「第三類推論」の類似点と相違点を明らかにする。第四節では、「第三類推論」で使われている実体概念が「現象的実体」という従来とは異なる実体概念であることを明らかにする。第五節では、「現象的実体」概念の持つ空間性という性格によって、「第三類推論」が「世界の統一」の問題を従来とは異なる仕方で解決していることを明らかにする。

第一節　「第三類推論」の証明構造

では、「第三類推論」の議論を概観しよう。「第三類推論」の目的は、選言判断の形式を起源とする相互性のカテゴリーが「経験の可能性の条件」であることを証明することである。その際、カントは、「第二類推論」における証明と同じように、いわゆる「不可欠性論証(Ohne-nicht-Argument)」を使用している。(1)「不可欠性論証」とは、「事実Bが成り立つためには、条件Aが不可欠である。さて、事実Bは現に成り立っている。したがって、Aは客観的に妥当する」という形の論証である。「第三類推論」の場合、条件Aに相当するのは相互性のカテゴリーであり、事実Bに相当するのは複数の対象が同時に現存することを現に経験できるという事実である。そして、「第三類推論」の「相互性の原則」の証明では、「事実Bが成り立つには、条件Aが不可欠である」という「不可欠性論証」の大前提の正当性が二つの段階を経て示されている。第一段階は、相互性のカテゴリーなしには同時存在の経験が成り立たないという不合理を指摘することであり、第二段階は、相互性のカテゴリーによってのみ、この不合理が解消されることを示すことである。

さて、「第三類推論」には、二つの証明がある。つまり、B版で書き加えられた証明(B 256–258)とA版の証明(A 211–215; B 258–262)である。A版の証明は、B版においても、ほぼそのままの形で残っている。以下では、

B版の証明を分析することで、カントの基本的な戦略を明らかにしたい。

B版の証明は、物の同時存在を経験するための条件を示すことで始まる。その条件とは、ある物の知覚と他の物の知覚が相互に継起しあうことである。その例として、カントは、月を見た後に地球を見ることと、反対に地球を見た後に月を見ることという二つの知覚の主観的な継起を挙げている。つまり、地球と月の同時存在を経験するためには、これら二つの対象の知覚は、地球から月という順序でも、月から地球という順序でも把捉することができなくてはならないのである。

けれども、カントによれば、知覚の主観的継起だけでは、知覚が互いに継起しあうとは言えないという。その論拠となるのが、「時間そのものは知覚されえない」というテーゼである。前章で見たように、このテーゼの意味するところは、我々は様々な現象が存在している時点を直接知ることができないということである。それゆえ、このテーゼが有効である限り、複数の現象が同時存在するという前提から、これらの現象の知覚が相互に継起しあうという帰結を引き出すという方策が封じられてしまうのである。この点について、カントは「しかし、時間そのものは知覚されえない。その結果として、諸物が同じ時間において定立されていることから、これらの諸物の諸知覚が互いに相互的に継起しあうことができるということを推定することはできない」(B 257) と述べている。他方で、構想力の把捉によって、複数の物の知覚が相互的に継起しあうと主張することはできない。というのも、把捉によってわかるのは、どちらか一方の知覚が主観に存することだけだからである。上記の例で言えば、把捉だけでは、月を見ている時に地球が同一時点にあるのかはわからないし、地球を見ている時には月が同一時点にあるのかはわからない。それゆえ、複数の物が同時に存在すると言えるためには、知覚の主観的継起だけでは不十分なのである。ここまでが、B版の証明の第一段階である。

次に、物の同時存在を認識するために相互性のカテゴリーが不可欠であることが示される。この箇所で、カントは相互性を実体間の相互影響関係として特徴付けている。彼によれば、ある実体が他の実体に影響を与えるということは、ある実体の任意の規定の根拠が他の実体に含まれているという事態を指す、という。前述の例で言えば、地球が青いという規定の根拠が月に含まれている場合、月は地球に影響を与えていると言うことができるのである。この関係は、月から地球へ向かう一方的な影響関係である。けれども、月が地球に影響を与えるのと同時に、地球が月に影響を与えていると考えることもできる。このように、影響の関係が一方的ではなく、相互的である場合、その関係は「相互性、あるいは相互作用の関係」(B 258) と呼ばれるのである。

とはいえ、どうして相互性のカテゴリーが物の同時存在を認識するために不可欠だと言えるのだろうか。相互性のカテゴリーの役割は、複数の知覚の主観的継起を、複数の事物に同時に存在する諸規定だと解釈することである。上記の例で言えば、それは、青から黄色という色の主観的な継起を、地球と月という互いに作用しあっている異なる事物の規定だと解釈することに他ならない。さて、知覚の主観的な継起をこのように解釈することは、物の同時存在を認識するための鍵となる。というのも、「第二類推論」で言われていたように、自然における大部分の原因と結果は同時に存在しうるからである (Vgl. B 247f.)。それゆえ、月に地球の青さの根拠が含まれている以上、月は地球と同時に存在すると言えるし、地球に月の黄色さの根拠が含まれる以上、地球が月と同時に存在すると言えるのである。前述のように、このような仕方で諸知覚の関係を解釈することは把捉の総合だけでは不可能であった。この点を踏まえ、カントは「空間における諸実体の同時存在が経験において認識されうるのは、実体間の相互作用を前提した場合だけである。したがって、相互作用という前提は経験の諸対象としての諸物そのものの可能性の条件でもある」(B 258) と述べ、B版の証明を終えている。

もちろん、「第三類推論」を適切に評価するためには、A版の証明とB版の証明を比較検討する作業が必要だろう。ただ、B版の証明は、物の同時存在をどのように認識することができるのか、という認識論的な問題に答えることに力点が置かれているのに対し、A版の証明は、「世界の統一」の問題に答えることに力点が置かれている。そこで、A版の証明の検討は本章の後半で「世界の統一」の問題を論じる際に改めて行いたい。

第二節　原因性のカテゴリーと相互性のカテゴリーの役割の違い

本節の目的は、原因性のカテゴリーと相互性のカテゴリーの役割の違いを明らかにすることである。前節では、B版の論証の構造を分析し、いかにして相互性のカテゴリーが経験の対象に適用されるのかを確認した。ただ、前節で論じることができなかった問題が一つある。それは、相互性の関係を相互的な因果関係と同一視できるのか、ということである。確かに、カント自身が、相互性を「その諸偶有性に関する諸実体の相互的原因性」(B 183)と言い換えている箇所もある。さらに、「第三類推論」のA版の証明において、「したがって、何らかの可能的経験において同時存在が認識されるべきだとすれば、どの実体も(実体はただその諸規定に関してのみ帰結でありうるので)他の実体におけるある種の諸規定の原因性を、また同時に、他の実体の原因性からの結果を自らの内に含まなくてはならない、すなわち、これらの実体は(直接的であれ、間接的であれ)力学的な相互性の関係に立たなくてはならない」(B 259)と言われていることも重要である。というのも、この箇所でも、相互性の概念は相互因果性とほぼ同一視されているからである。それゆえ、一見すると、相互性と相互因果性は同義であるように見えるかもしれない。

しかし、相互性と相互因果性を完全に同一視した際には、大きな問題が生じる。というのもその場合、相互性のカテゴリーが、実体のカテゴリーと原因性のカテゴリーから生じた派生概念になってしまうからである。そして、このことは、カテゴリーは一二より少ないという主張を許容することに直結する。けれども、カントにとって、一二のカテゴリーは判断表から導出された悟性の根本概念であった。それゆえ、相互性のカテゴリーにも、実体のカテゴリーと原因性のカテゴリーに還元できない役割があるはずである。この役割を明らかにするために、以下では、B 110 以下のカテゴリーの数に関するカントの注釈に着目したい。

この箇所で、カントは量、質、関係、様相という四つのクラスのカテゴリーが全て三つである理由として、「第三のカテゴリーは、どの場合も当該のクラスの第一のカテゴリーと第二のカテゴリーの結合から生じる」(B 110)ことを挙げている。ここでの第三のカテゴリーとは、量のクラスにおける総体性、質のクラスにおける制限性、関係のクラスにおける相互性、様相のクラスにおける偶然性 - 必然性のことである。実際、これに続く文章で、カントは、総体性、制限性、相互性、必然性という各クラスの第三のカテゴリーについて上記の説明を適用している。この点を踏まえた場合、カントが各クラスの第三のカテゴリーを一種の派生概念とみなしていたように見えるかもしれない。けれども、このような誤解を防ぐために、カントは「しかしだからといって、第三のカテゴリーが単に純粋悟性の派生概念であって基幹概念ではない、とはやはり考えてほしくない。というのも、第三の概念を生み出すための第一の概念と第二の概念の結合は、悟性の特殊な活動を必要とするが、この活動は、第一の概念と第二の概念において行使される活動と同じではないからである」(B 111)と付け加えている。つまり、第三のカテゴリーの独自性は、第一のカテゴリーと第二のカテゴリーを結合する際の悟性の活動にあることになる。

以上の点から、カントは、影響の概念の起源を明らかにする際にも、単なる実体の概念と原因の概念との結合だけでなく、これら二つの概念を結合する際の特殊な活動に着目しなくてはならないという結論を下している。このことからも、相互性のカテゴリーが単に相互因果性に還元できないことが裏付けられるだろう。とはいえ、相互性のカテゴリーの独自性をなす悟性の活動はどのようなものなのだろうか。この点を知るためには、以上の説明に続く三つ目の注釈が手がかりとなる。この箇所で、カントは選言判断を形成する際の悟性の機能と相互性のカテゴリーの対応関係について詳しく説明しているからである。

この箇所の説明の要点は、選言判断を形成する機能と複数の物からなる一つの全体を形成する機能が対応関係にあるということである。選言判断とは、「ＡはＢかＣかＤのいずれかである」というタイプの判断のことである。具体的な例としては、「受験を終えたＡは試験に合格するかしないかのいずれかである」という判断を挙げることができるだろう。カントによれば、選言判断の個々の選言肢は、論理的に対立しあいながらも、相互性の関係にあるという(Vgl. B 98f.)。選言判断における個々の選言肢が論理的に対立しているのは、任意の選言肢を選んだ瞬間に、他方の選言肢が排除されるからである。上記の例で言えば、Ａが試験に合格するやいなや、Ａが同じ試験に合格しないという可能性が排除される。他方で、個々の選言肢が相互性の関係にあるのは、これらの選言肢を完全に列挙することが選言判断の主語に関して可能な認識を完全列挙することに等しいからである。上記の例で言えば、Ａという主語は、少なくとも彼が受けた試験に関しては、合格者か不合格者のどちらかにしかなれないということである。つまり、試験に合格するという選言肢と試験に合格しないという選言肢は、Ａが受けた試験の結果に関する可能性を汲み尽くしているのである。その点で、二つの選言肢は、互いを補いながらも、一つの全体をなしている。このように、複数の概念、あるいは複数の判断を、相補的な諸部分と全体の関係として位置づけることこそ、選言判断の論理的機能だと言えるだろう。

こうした選言判断の論理的機能は、複数の事物、あるいは複数の実体を関係付けるためにも使われるという。この点について、彼は以下のように述べている。

分割された概念の圏域を表象する場合と同じ悟性の手続きを、悟性は物を分割可能であると考える場合にも遵守する。そして、前者において、区分の諸項は互いを排除しあいながらそれでも一つの圏域において結び付けられているように、悟性は後者(＝物)の諸部分を、各々が残りの諸実体から排除されても(諸実体として)現存するにもかかわらず、一つの全体に結び付けられたものとして表象するのである。(B 112f.)

カントによれば、選言判断の「圏域(die Sphäre)」とは、「選言判断の下に含まれている全てのものの集合」(B 112)であり、選言判断において、「圏域」は「部分へと分割された全体」(Ebd.)として表象されている、という。つまり、選言判断の「圏域」は、選言判断の選言肢の集合のことなのである。この点を踏まえた場合、上記引用文冒頭部の「分割された概念の圏域」という表現は、選言判断における主語と選言肢のことであり、「分割された概念の圏域」を表象する手続きとは、選言判断の論理的機能のことだと考えられる。

その上で、上記引用文後半部では、選言的判断を形成する際の手続きと複数の実体からなる全体を形成するための手続きが同じ機能に基づいていることが示される。この箇所では、選言判断の選言肢に対応するのは、個々の実体であるとされている。それゆえ、個々の実体には、選言肢の持つ二つの特徴、つまり、選言肢間の論理的対立関係と相互性に対応する特徴が付与されることになる。前者に対応する特徴は、各々の実体の自存性である。後者に対応するのは、これらの実体が一つの全体をなすための相補的な諸部分であることである。このように上記の引用文では、判断表とカテゴリーとの対応関係を示した形而上学的演繹の成果に依拠して、選言判断の論理的機能と相互性のカテゴリーの対応関係が具体的に説明されているのである。

最後に、この箇所でカントが単なる原因・結果間の関係と相互性の関係を区別していたことを確認しておこう。重要なのは、カントが選言判断における概念や命題間の連結と似たような連結が「諸物の全体」においても成り立つ理由を以下のように述べていることである。

> さて、諸物の全体においても似たような連結が思惟される。〔諸物の全体においては〕ある物は、結果として、その現存の原因としての他の物に従属させられるのではなく、むしろ、ある物は同時的にまた相互的に他の物の規定に関する原因として、他の物に並存させられているからである。（例えば、その諸部分が互いに牽引されるのと同時に、抵抗しあう物体におけるように）。これは、原因の結果に対する（根拠の帰結に対する）単なる関係において見出されるのとは全く異なる種類の連結である。原因の結果に対する単なる関係においては、帰結は、根拠を相互的にさらに規定せず、それゆえに根拠と一緒に（例えば世界創造者が世界と一緒に）一つの全体を形成することはないのである。（B 112）

ここでは、原因性のカテゴリーによって形成される関係と相互性のカテゴリーによって形成される関係の相違について説明されている。一言で言えば、その相違は、前者が二項間の従属関係であるのに対し、後者が二つ以上の項の間の相補関係である点にある。それゆえ、これら二つのカテゴリーを使って得られる認識は全く異なる。原因性のカテゴリーによって認識されるのは従属的な諸項からなる因果系列であるのに対し、相互性のカテゴリーによって認識されるのは相補的な諸項からなる全体なのである。

確かに、カントは、相互性の関係を説明する際に、実体のカテゴリーと原因性のカテゴリーを用いている。まず、相互性の関係における各々の関係項は実体である。また、これらの実体の間には相互的な因果関係があるとされている。前述の例で言えば、地球の状態は月によって引き起こされると同時に、月の状態は地球によって引き起こされるのである。このように、複数の実体が相互的な因果関係にあることこそが、これらの実体の同時存在の経験の不可欠な条件であった。以上のことを説明するだけなら、実体と原因性のカテゴリーだけで事足りるかもしれない。けれども、このことは、相互性のカテゴリーを実体と原因性のカテゴリーに還元できるという証拠にはならない。というのも、以上の説明だけでは、これらの実体が全体のための相補的部分であることが説明されないままだからである。それに加え、経験の対象に対する使用に限れば、原因性のカテゴリーは、自然の部分間の連結関係しか説明することができない(2)。それゆえ、地球と月という部分を自然、あるいは感性界という一つの全体に関連づけるためには、原因性のカテゴリーとは異なる結合の仕方が必要である。そして、そのような結合の仕方を提示することこそが、相互性のカテゴリーの独自の機能なのである。

以上のことから、「第三類推論」の議論を次のように整理することができる。「第三類推論」の目的は、無数の実体が一つの自然という全体の相補的な部分であることを示す点にある。「第三類推論」でカントが複数の実体の同時存在を経験するための条件を問うのも、この目的に関連している。というのも、あらゆる部分が共存することは、全体を可能にするための必要条件だからである。もちろん、アンチノミー論が示すように、自然のあらゆる部分を完全列挙することは、人間の認識能力を完全に超え出ている。それゆえ、「第三類推論」の目的は、月や地球といった各々の実体が他の実体とともに一つの全体を構成する部分であると解釈するために、相互性のカテゴリーが不可欠であることを論証することにすぎない。

このことを論証する過程で、原因性のカテゴリーがきわめて重要な役割を果たしている。というのも、各々の実体が一つの全体を構成するための相補的部分であるというためには、部分と全体だけでなく、各々の部分同士も関連づけられなくてはならないからである。さて、カントは実体間の相互作用関係の原理としては一貫して物理影響説を支持し続けていたことは前に見た通りである。それゆえ、相補的部分としての各々の実体の間には、実在的な影響関係がなくてはならない。だからこそ、カントは、自然の部分としての諸実体同士の関連づけを相互的因果関係によって行わざるをえなかったのである。
以上のように、「第三類推論」の証明においては、原因性のカテゴリーと相互性のカテゴリーがそれぞれ異なる機能を持ち、異なる役割を果たしている。この点を踏まえるならば、やはり原因性のカテゴリーの機能と相互性のカテゴリーの機能は峻別されなくてはならないのである。

第三節　『就職論文』における実体間の相互性の問題

本節では、『就職論文』において、カントが実体間の相互関係をどのように論じていたのかを明らかにする。前節で、相互性のカテゴリーの固有性が、複数の実体を一つの自然、あるいは世界の部分として解釈する点に存していることを確認した。それゆえ、「第三類推論」の議論は、「世界の統一」の問題に応答を与えるための議論だと言える。

とはいえ、数ある「世界の統一」の問題に関する議論の中で、「第三類推論」はどのような独自性を持っているのだろうか。第二章で確認したように、カントは一七五五年の『新解明』以来、「世界の統一」の問題に取り組み続けてきた。ただし、一七八〇年以降、カントはこの問題に対する応答の方法を大きく変更している。それゆえ、一七八〇年以前のカントの議論と「第三類推論」の議論を比較することは、「第三類推論」の独自性を明らかにするために有効であると思われる。そこで本節では、一七八〇年以前の議論の代表格として、『就職論文』の議論の特色を提示し、以後の考察の手がかりとしたい。

まず、『就職論文』に固有の認識論の特色を確認しておこう。同論文で、カントは、可感的なもの(sensibile)

と可想的なもの(intelligibile)を区別している(Cf. II 392)。けれども、ここで注意すべきなのは、この区別は『純粋理性批判』における現象と物自体の区別とは全く別物だということである。確かに、同論文には、『純粋理性批判』の認識論と共通する部分がないわけではない。例えば、可感的なものを質料と形式という二分法を用いて考察する点や、感性の形式を空間と時間とみなす点は、『純粋理性批判』の認識論と重なるところがある。けれども、後に確認するように、『就職論文』において、カントは、感性的認識の条件から離れた可想的なものを知性によって直接認識できるという立場を取っていた。この立場が保持される限り、『就職論文』の認識論は、物自体の認識可能性を否定した『純粋理性批判』の認識論とは全く異なるのである。

では、知性による可想的なものの認識とはどのようなものなのだろうか。この点を知るためには、『就職論文』における知性の二つの使用方法、つまり、知性の「論理的使用(usus logicus)」と「実在的使用(usus realis)」の違いに目を向ける必要がある。『就職論文』五項において、カントは両者の相違を以下のように述べている。

> 知性の、つまり魂の上級能力の使用は二重である。そのうちの一方によって、諸物あるいは諸関係の概念そのものが与えられるが、この使用は《実在的使用》である。これに対し、もう一方によって、それがどこから与えられたにせよ、諸概念は単に互いに従属的に秩序づけられるにすぎない。つまり、下位概念が上位概念(共通徴表)によって従属的に秩序づけられ、矛盾律によって相互に比較されるにすぎない。この使用が《論理的使用》と呼ばれる。(II 393)

ここで重要なのは、知性の「論理的使用」は、原則的に、感性的認識、あるいはその対象である可感的なものにしかかかわらないことである。というのも、知性の「論理的使用」の役割は、個別の可感的なものに含まれている諸規定を取り出し、判断や推論を形成することだからである。より具体的に言えば、これは、りんご、トマト、夕焼け、といった個別の対象を赤という共通徴表の下に包摂することで、「りんごは赤い」、「トマトは赤い」といった判断を形成する機能である。この手続きによって、確かにりんごやトマトといった可感的なものに関する概念はいっそう判明になる。というのも、赤という共通徴表は、りんごやトマトを赤くない無数のものと識別するための手がかりとなるからである。けれども、このように可感的なものに関する認識が判明になったとしても、この認識は知性的認識になるわけではない。この点について、カントは、「ここできわめて重要なのは、認識に関して、知性にとっての論理的使用がどの程度まで及ぼうとも、常に認識は感性的であるとみなされなくてはならないということに注意しておくことである。なぜなら、認識が感性的であると言われるのは、その生成のゆえにであって、同一性あるいは対立性に関する比較のゆえにではないからである」(II 393)と述べている。要するに、知性の「論理的使用」が向けられる概念の起源が感性にある以上、その概念に関する認識も感性的でしかありえないのである。これは、判明性の度合いの相違に応じて、感性的なものと知性的なものを区別するライプニッツ・ヴォルフ的な見解に対する批判でもある。

　これに対し、可想的なものの認識にかかわるのは知性の「実在的使用」である。『就職論文』六項の冒頭部では、知性の「実在的使用」について以下のように説明されている。

> しかしながらそこにおいて、知性の使用が実在的である厳密な意味での知性的なものに関する限り、諸対象ならびに諸関係のそうした概念は、知性の本性そのものによって与えられる。これらの概念は諸感官のどのような使用からも抽象されたわけでもないし、感性的認識そのもののいかなる形式も含むわけでもない。
> (II 394)

五項の引用文と同様、ここでも、知性の「実在的使用」が感性的なものとかかわりを持たないことが強調されている。この点を説明するために、カントは ab aliquibus abstrahere と aliquid abstrahere、ドイツ語で言えば、von etwas abstrahieren と etwas abstrahieren という二つの表現を厳密に区別している。前者は自動詞 abstrahere と前置詞 ab からなる自動詞句に目的語 aliquid を付したものであり、「何かを無視する、度外視する」という意味で使われる。これに対し、後者は他動詞 abstrahere に目的語 aliquid を付したものであり、「何かを切り離す、分離する」という意味で使われる。哲学用語として使う場合には、前者を「何かを捨象する」、後者を「何かを抽象する」と訳すのが適切だろう。このように翻訳した場合、「前者〔=何かを捨象すること(ab aliquibus abstrahere)〕が指し示しているのは、ある概念において、それがこの概念にどのように連結されていようとも、他のものに我々が注意を向けないということである。これに対し、後者〔=何かを抽象する(aliquid abstrahere)〕が指し示しているのは、概念が具体的なものにおいてのみ与えられていること、しかも結合されているものから分離されるようにのみ与えられていることである」(ibid.)という説明の意味を正確に理解できる。要するに、「何かを捨象すること」とは、当該の概念以外を度外視することであり、「何かを抽象すること」とは、具体的な所与からより普遍的な当該の概念を取り出すことなのである。

ここで重要なのは、「何かを抽象すること」は知性の「論理的使用」に対応し、「何かを捨象すること」が知性の「実在的使用」に対応することである。前述のように、知性の「論理的使用」の役割は、個々の感性的認識をより上位の共通徴表の下に従属させることで、判断や推論を形成することであった。これはいわゆる抽象作用を意味する。これに対し、「知性的概念は、あらゆる感性的なものを捨象するが、しかし、感性的なものから抽象されるわけではない」(ibid.)という説明からもわかるように、知性的なものは、可感的なものに含まれるあらゆる感性的な要素を度外視することによって、獲得されるのである。この感性的なものの捨象を遂行するのが、知性の「実在的使用」である。そして、知性の「実在的使用」こそが、形而上学で使用される概念の起源に他ならない。この点について、『就職論文』八項でカントは以下のように述べている。

> したがって、形而上学において経験的原理は見出されないので、形而上学において出会う諸概念は、感官においてではなく、純粋知性の本性そのものにおいて、しかも生得的な概念としてではなく、精神に植えつけられた諸法則から(経験を機縁にして精神の作用に注意することで)引き出された概念、したがって獲得された概念として探求されなくてはならない。可能性、現存、必然性、実体、原因などは、これらに対立する概念と相関する概念とともに、この種の概念である。これらの概念は、いかなる感官の表象にも部分として入り込まないのだから、感官の表象からどのような仕方でも抽象されえなかったのである。(II 395)

まず重要なのは、知性の「実在的使用」が経験を機縁にして、精神に植えつけられた法則から概念を取り出す作用とされていることである。この作用は、可感的なものの表象から感性的な要素を捨象するプロセスとして捉えることができるだろう。このことをりんごという経験の対象に即して説明してみよう。まず、最初にりんごから捨象すべきなのは、赤さなどの感覚的な要素である。さらに、空間と時間も可感的なものの形式面である以上、りんごの形や延長、あるいは現前性といった空間・時間にかかわる規定も捨象されなくてはならない。これが、知性の「実在的使用」の具体的なプロセスなのである。

次に重要なのは、このようにして得られる概念が、どのような対象にも妥当する「対象一般に関する概念」であることである。確かに、捨象の起点となる経験的対象の相違に応じて、捨象される感性的な規定は異なる。けれども、どのような対象から捨象を出発したとしても捨象の後に残る知性概念は同じなのである[3]。実際、知性の「実在的使用」によって得られる概念として挙げられているのは、伝統的な存在論で論じられていた概念群、あるいは『純粋理性批判』でのカテゴリーとほぼ一致する。カントが引用文で挙げているのは、可能性、現存、必然性、実体、原因という五つの概念である。また、これら五つの概念に対立するものと相関するものも、知性の「実在的使用」によって獲得されるとされている。具体的には、可能性の対立項である不可能性、現存の対立項である非存在、必然性の対立項である偶然性、実体の相関項である偶有性、原因の相関項である結果がこれらの概念に数えいれられる。したがって、知性の「実在的使用」とは、存在論で論じられる基本概念群を認識するための方法だと言えるだろう。

以上の点を踏まえ、『就職論文』の認識論の特徴を整理しよう。この論文においては、三つのタイプの認識が論じられている。一つ目のタイプの認識は、知性の「実在的使用」によって獲得される対象そのもの、あるいは可想的なものの認識である。二つ目のタイプの認識は、通常の感性的認識である。この認識は、可想的なものが現前することで、主観が触発され、生じるものだとされている。その際、可感的なものに含まれている諸規定は同位的に秩序づけられた状態で現れるとされている。三つ目のタイプの認識は、知性の「論理的使用」によって成り立つ判断や推論である。このタイプの認識によって、可感的なものに含まれる諸規定の一部分が共通徴表として取り出され、判断が形成されるのである。したがって、①可想的なものと可感的なものの領域を区別し、前者を後者の根拠とみなしたこと、②知性の「実在的使用」という可想的なものを直接認識する方法を残したこと、という二点に『就職論文』の認識論の特色があると言えるだろう。

さて、以上の認識論に基づき、カントは、世界を可感界と可想界に区分し、それぞれに固有の形式の原理を探求しようとする。『就職論文』の一三項で、カントは、宇宙、あるいは世界の「形式の原理(principium formae)」を「普遍的連結の根拠を含むもののことであり、この連結によってあらゆる実体とその諸状態は世界と呼ばれる同一の全体に属するのである」(II 398)と特徴付けている。要するに、世界の「形式の原理」とは、世界を構成する諸項の連結の可能性の条件のことなのである。その上で、両世界の「形式の原理」について、カントは以下のように説明している。

> 可感界の形式の原理は現象である限りの全てのものの普遍的連結の根拠を含むものである。可想界の形式は客観的原理を、つまり、自存するものどもの間に連結が成り立つための何らかの原因を許容する。これに対し、現象として、つまり人間精神の感性との関係において見られる限りでの世界は、形式の主観的原理のみを許容する、つまり(それらの質によって)諸感官の対象でありうる全てがそれによって必然的に同一の全体に属するとみなされなくてはならないような魂のある種の法則のみを許容する。(ibid.)

ここで重要なのは、可感界の「形式の原理」が主観的原理と呼ばれているのに対し、可想界の「形式の原理」が客観的原理と呼ばれていることである。可感界の「形式の原理」は、空間と時間である。複数の可感的なものは、継起や同時存在といった空間・時間的関係に依拠して、互いに連結されている。けれども、このような仕方で、無数の可感的なものが連結されるためには、これらの可感的なものが一つの空間と時間に属していなければならない。つまり、空間と時間は、可感的なものを相互に関係付けるための必要条件なのである。空間と時間が可感界の「形式の原理」と呼ばれるのはそのためである。それに加え、『就職論文』において、カントは、空間と時間は主観に由来するがゆえに、空間と時間を占めるのは現象だけであるという見解を取っている。可感界の「形式の原理」が主観的原理と呼ばれるのはそのためである。

これに対し、可想界の「形式の原理」は客観的原理であると言われている。可想界は、対象そのもの、あるいは諸実体からなる世界である。それゆえ、可想界の「形式の原理」についての問題は、「多くの実体が相互に交渉しあうのはいかにして可能か、またそのようにしてこれらの実体が世界と呼ばれる全体に属するのはいかにして可能か」(II 407)という形で定式化されることになる。この問題に取り組むにあたって、カントはまず、可想界の「形式の原理」は空間と時間であるという見解を排除しようとする。というのも、仮に、このような見解を取った場合、本来現象間の関係の前提であるはずの空間と時間を、可想的なものの間の関係を説明するために使用することになるからである。これは、感性的認識を説明するための原理を、可想的なものを説明するために用いることに他ならない。だが、カントはこのような手続きこそが、形而上学を混乱に陥れていると考えていた。この点について、『就職論文』の二四項では、「感性的なものと知性的なものとに関する形而上学のあらゆる方法は主に以下の規則に帰着する。それは、感性的認識に固有の原理が自らの限界を超え出て知性的なものを刺激しないように細心の注意が払われなくてはならない、という規則である」(II 411)と説明されている。こうした感性的なものと知性的なものの混淆を防ぐためには、可想界の「形式の原理」は空間と時間であってはならない。しかも、可想的なものが主観のあり方に左右されない対象そのものである以上、可想的なものの間の関係を説明するための原理も主観以外のところに求められなくてはならないのである。

では、可想界の「形式の原理」は何か。『就職論文』の一三項では、可想界の「形式の原理」は、「自存するものどもの間に連結が成り立つための何らかの原因」(II 398)と言われていた。結論から言えば、カントはこの「何らかの原因」が神であると考えていた。このことは、『就職論文』二〇項の以下の記述から裏付けられる。

世界を構成する諸実体は自分以外の存在者に依存する存在者であるが、しかしそれらは異なった様々な存在者に依存するのではなく、全ての実体は唯一の存在者に依存している。なぜなら、これらの実体が多くの必然的存在者による結果であるとすれば、それらの諸原因が一切の相互的な関係とは無縁である諸結果が相互作用の関係に入ることはないだろうからである。したがって、宇宙を構成する諸実体の連関における《統一》は、全ての実体が一なる存在者に依存していることからの帰結である。それゆえ、宇宙の形式が質料の原因を証示するのであり、全てのものの唯一の原因だけが包括性の原因であって、同時に創造者ではないような世界製作者はいない。（II 408）

この議論には二つの役割がある。一つ目の役割は、実体の自存性という性格を損なわない形で、物理影響説を支持する方策を提示することである。この課題は一見困難であるように見える。というのも、定義上、実体が他の実体から独立して現存する存在者である以上、実体の概念を分析するだけでは、複数の実体が実在的に影響しあっていることは帰結しないからである。第二章で見たように、この問題を自覚していなかった点に、カントは従来の物理影響説の問題点を見出していた。そして、この問題点を解決するために、カントが提出したのが上記の議論である。この議論によれば、神は、「宇宙の実体間の連関に見られる統一」、つまりこれらの実体が一つの世界に属する根拠だという。その理由について『就職論文』において、カントはそれほど詳しく語ってはいない。ただ、唯一の神は部分的にではなく一挙に世界を創造し、維持し続けるとすれば、これらの実体はバラバラではなく、一つの世界の部分として存在すると考えても問題はないだろう。もし、このように想定した場合、本来自存的であるはずの実体が相互に影響しあうことは、神の創造と維持によって可能になると言える。だからこそ、神は可想界の「形式の原理」なのである[4]。

同時に、この議論は神の存在証明の方法を提示する役割も持っている。実際、上記の引用文の後半部では、

「宇宙の形式」である諸実体の実在的連結関係から、質料の原因、つまりこれらの実体の原因たる神の存在が論証されると言われている。このような論証が可能なのは、神が「宇宙の形式」の「存在根拠」であるのと同時に、「宇宙の形式」が神の「認識根拠」だからである。前段落で見たように、神は、実体間の相互関係の可能性の条件、つまり「存在根拠」である。それゆえ、実際に実体間の相互作用関係が成り立っているとすれば、その可能性の条件である神も存在しなければならないことになる。したがって、実体間の相互作用関係は、神の存在を知る際の「認識根拠」になるのである。この点を踏まえた場合、この論証は、神と世界との間の因果関係を、世界に現れている結果を拠り所に探求していると言えるだろう。このタイプの神の存在証明は、いわゆる存在論的証明、宇宙論的証明、物理神学的証明のどれにも属さないユニークなものである。(5)

以上が『就職論文』における実体間の相互作用に関する議論である。そして、この議論と「第三類推論」の証明との間には少なくとも二つの大きな相違を確認できる。

一つ目の相違は、「第三類推論」では、感性界における実体間の相互作用の原理が探求されていたのに対し、『就職論文』では、可想界における実体間の相互作用の原理が探求されていたことである。もちろん、『純粋理性批判』における叡智界と『就職論文』における可想界の内実は大きく異なる。けれども、直観の形式である空間と時間に属さない存在者の領域と位置づけられている点で、両者は共通している。それゆえ、『就職論文』では、空間と時間に属さない実体間の相互関係が論じられているのに対し、「第三類推論」では、空間と時間に属する実体間の相互関係が論じられているのである。つまり、両者で扱われている実体概念は全く別物なのである。この点は、『就職論文』と「第三類推論」の議論の違いとして強調してもよいと思われる。

二つ目の相違は、実体間の相互関係を可能にする原理の相違である。本節で確認したように、『就職論文』では、自存的な存在者である実体の相互作用を可能にするものは、神であった。この点に限れば、『就職論文』の可想界の「形式の原理」に関する議論は、予定調和説や機会原因説の支持者と同じ道具立てを使っている。これに対し、「第三類推論」において神にはほとんど言及されていない。確かに、神の存在証明を全面的に否定した『純粋理性批判』において、実体間の相互関係を説明するために神を持ち出すのは言語道断だろう。つまり、『純粋理性批判』では、神とは異なる原理によって、実体間の相互作用の可能性の条件が説明されているのである。この点も、『就職論文』と「第三類推論」の議論の重大な相違だと思われる。

この二つの相違からわかるのは、一七八一年の『純粋理性批判』の出版以降、カントが実体間の相互作用の説明様式をそれ以前のものから大きく変更したことである。では、その変更はどのようなものだろうか。また、この変更を可能にした道具立ては何だろうか。この点を次節以降では論じたい。

第四節　「第三類推論」における「現象的実体」

前節で見たように、「第三類推論」における実体概念は、『就職論文』における実体概念とは異なるものである。さらに言えば、この実体概念は、近世哲学の中でもかなり特殊な位置を占めている。そこで以下では、主に『純粋理性批判』の記述を手がかりに、この実体概念の特色を明らかにしたい。

まず注目すべきは、批判期のカントが「現象的実体(substantia phaenomenon)」という表現をしばしば使用していたことである。その一例としては、『純粋理性批判』の「図式論」の「諸物の恒常性と持続性は現象的実体である」(B 186)という記述が挙げられる。この箇所では、実体概念の図式である物の持続性が現象としての実体と同一視されている。さらに、「反省概念の多義性」においても、「これに対し、空間における現象的実体の内的諸規定は関係以外の何ものでもなく、現象的実体そのものが、徹頭徹尾、純然たる諸関係の総体である」(B 321)という記述もある。この箇所では、現象的実体が空間に属することが明言されている。また、第三アンチノミーと第四アンチノミーの解決の相違点を説明する場面でも、カントは、「自由の場合、原因(現象的実体)としての物そのものは、それでも諸条件の系列に属し、ただその原因性だけが叡智的だと考えられたが、ここでは、必然的存在者は、全面的に感性界の系列の外に(世界外存在者として)、もっぱら叡智的に思惟されなくてはならないだろう」(B 589)と述べている。人間の自由と自然必然性との両立可能性を示すために、カントは、人間を自由な意志を持つ物自体としての側面と自然必然性にしたがう現象としての側面から考察しようとした。この箇所では、人間の現象としての側面を特徴付けるために、「現象的実体」というタームが使用されているのである。

その他にも、「実体(現象)」という表現を使って、「現象的実体」を示唆している箇所もある。例えば、「第一類推論」には、「したがって、あらゆる諸現象において、持続的なものは対象そのもの、つまり実体(現象)であるが、変易するもの、あるいは変易しうるものはみな、ただこの実体、あるいは諸実体が現存する仕方に、すなわちその諸規定に属する」(B 227)という記述がある。この箇所でも、B 186の引用文と同様、あらゆる時間規定の基体としての持続的なものが「実体(現象)」、つまり「現象的実体」と同一視されている。さらに、「第二類推論」の後半部でも、作用するものの持続性が、「実体(現象)のかくも本質的で固有な特色」(B 250)と言われている。

以上のように、批判期のカントは、実体をしばしば現象と同一視している。しかし、この用語法は、ライプニッツやバウムガルテンのモナド論の枠組みではありえないことである。第一章で見たように、バウムガルテンは、現象=物体と実体=モナドを峻別していたからである。確かに、彼は物体を「実体化された現象(phaenomenon substantiatum)」とは呼んでいた。というのも、一つのまとまりとしてみなされる限り、あるいは運動力と慣性力という派生的な力が付与される限り、確かに物体は一つの実体であるかのように見えるからである。だからといって、物体は他の存在者に依存しないという実体の定義を満たすわけではない。というのも、物体が複数のモナドからなる複合体である以上、物体は、その構成要素であるモナドに依存した仕方でしか存在できないからである。このように、バウムガルテンの体系では、実体＝モナドと現象＝物体は、根拠とその帰結の関係にある。それゆえ、カントの「現象的実体」とバウムガルテンの「実体化された現象」を同一視することには無理がある。[6]

　したがって、現象と実体を同一視し、「現象的実体」という用語を導入した点に、批判期のカントの実体論の特色があると言えるだろう。そして、この点をカントは十分に自覚していたと考えられる。というのも、「反省概念の多義性」において、カントは「現象的実体」とライプニッツのモナドを対置し、後者を批判しているからである。この点は、以下の記述からも裏付けられる。

> だから、ライプニッツは、あらゆる実体をヌーメノンであると考えたために、外的関係を意味するものをみな、したがって複合さえも思考において取り除いた後に、あらゆる実体から、また物質の構成要素からさえも、表象力を備えた単純な主体、つまり**モナド**を作ったのである。（B 321f.）

上記の引用文では、複合体＝物的なものと単純体＝心的なものの区別が現象と物自体の区別に重ね合わせられた上で、物自体が実体だとされている。この理解にしたがえば、真の実体は、空間を占めず、他の実体から離れて自存し、自らの規定を自らの力で変えていく心的なモナドとなる。それでもなお、これらのモナドと他のモナドとの関係を語るために持ち出されたのが、モナドの表象性格や予定調和説であるというのがカントの評価である

(Vgl. B 321f., B 330f.)。確かに、この記述は、ライプニッツ的な思考法の一端を捉えてはいる。しかし、ライプニッツのモナド論をカントがどこまで正しく理解していたかは、この記述だけでは特定できないだろう。(7)

これに対し、カントは、現象と物自体の区別に基づきながらも、「現象的実体」という新たな実体概念の可能性を示唆している。実際、「現象的実体」の特色は、モナドとは正反対である。というのも、「現象的実体」とは、空間において場所を占め、その内的規定が他の実体との間の関係規定であるような実体のことだからである。さらに詳しく言えば、「現象的実体」とは、他の実体との関係が先にあり、その関係に関する規定が、自らの内的規定になるような実体のことなのである。

以上のように、批判期以降のカントは、「現象的実体」という彼以前の哲学者とも前批判期の彼自身とも異なる実体概念を使用していた。このような「現象的実体」の独自性は多くの研究者によって指摘されてきた。(8)にもかかわらず、「経験の類推」を主題とした近年の研究において、「現象的実体」概念に正面から着目したものはほとんどない。(9)その結果として、従来の「類推論」の研究では、「類推論」と伝統的な実体論との連続性が過剰に強調されてきたと思われる。確かに、「類推論」は、実体間の相互作用の説明原理を提示する点で、機会原因説や予定調和説の支持者と同じ問題を扱っている。けれども、彼らが実体間の相互関係の原理を説明しなければならなかったのは、実体が他の実体から孤立して自存する存在者であるという前提が共有されてきたからである。前批判期のカントでさえも、この前提を保有していた。だからこそ、『就職論文』において、可想界の「形式の原理」を説明するために、諸実体の共通の起源としての神に訴える必要があったのである。ところが、批判期のカントの「現象的実体」は、もはや他の実体から独立自存するという性格を持っていない。その限りで、既存の実体間の相互関係に関する議論とカントの「類推論」の間には大きな断絶があるのである。以上の点を踏まえ、次節では、「第三類推論」の哲学史的位置づけを改めて考えてみたい。

第五節　「第三類推論」における空間の役割

前節では、「第三類推論」での実体が「現象的実体」と呼ばれ、空間を満たすという性格を持つことを確認した。したがって、空間概念が「第三類推論」の証明において大きな役割を果たしているはずである。そこで本節では、空間概念に着目することで、「第三類推論」の独自性を明らかにしたい。

「第三類推論」の中でも、空間に関してまとまった言及があるのは、A版の証明においてである。確かに、A版の証明とB版の証明の基本的な戦略はほぼ同じである。というのも、両者とも、複数の実体の同時存在を認識するために、実体間の相互作用関係が不可欠であることを論証しているからである。ただし、B版の証明とは異なり、A版の証明においては、空虚な空間(der leere Raum)が重要な役割を果たしている。この点は、特にA版の論証の第二段落から裏付けられる。まず、この段落は以下の文章から始まる。

さて、現象としての諸実体の多様性において、これらの諸実体の各々が完全に孤立させられていると、つまり、いかなる実体も他の実体へと作用せず、他の実体から相互的影響を受け取らないと想定してみよう。その場合、私は以下のように言う。つまり、これらの諸実体の同時存在は可能的知覚のいかなる対象でもないだろうし、一方の実体の現存はいかなる仕方の経験的総合によっても他方の実体の現存に到達しえないだろう、と。(B 258f.)

以上の引用文も、「第三類推論」における「不可欠性論証」の一部をなしている。というのも、この箇所では、諸実体が孤立していることが、諸実体の同時存在を認識できるという事実に反することが指摘されているからである。つまり、以上の文章は、相互性のカテゴリーがない場合に生じる不合理を示すことで、相互性のカテゴリーの不可欠性を論証するために寄与しているのである。この戦略は、B版の議論にも見出される。ただ、問題なのは、カントがこれに続く文章で以下のように述べていることである。

というのも、万が一にも、諸君が、諸実体は完全に空虚な空間によって分離されていると考えるならば、時間において一方の実体から他方の実体へと進んでいく知覚は、確かに後の方の実体にその現存を継起する知覚を介して規定するとしても、その現象が客観的に第一の現象の後に生じるか、むしろ第一の現象と同時に存在するかは区別できないだろう。(B 259)

ここでは、実体が孤立していることと、これらの実体が空虚な空間によって隔てられていることが同一視されている。[(10)] ただ、このような同一視は、『就職論文』の議論には見られなかった。前に見たように、『就職論文』において、諸実体を孤立させていたのは、あくまでも実体の自存性という性格であった。つまり、『就職論文』において、実体間の相互関係を可能にする第三項が必要だったのは、これらの実体が神以外の存在者に依存しないで存在していたからなのである。これに対応して、『就職論文』の実体間の相互作用の原理を論証する際には、空間にほとんど言及されていない。むしろ、この論文では、可想的なものとしての実体と可感的なものとしての現象を区別し、両者の特徴を混同しないことに力点が置かれていた。その結果として、『就職論文』における実体は、空間・時間的な規定を持ちえなかったのである。

これに対し、上記の引用文では、空虚な空間が実体間の相互作用を脅かすものとされている。というのも、批判期のカントにとって、空虚な空間は、現象でも経験の対象でもないからである。この点は第一アンチノミーの反定立の証明からも見て取ることができる。この箇所で、カントは、世界に空間的な限界があると想定した場合の不合理を示そうとする。そのために、彼は以下のような論証を行っている。世界は絶対的全体である以上、その外にはいかなる現象も見出されえない。それゆえ、仮に世界を空間的に限界づけるものがあるとすれば、それは対象を含まない空虚な空間であることになる。その場合、世界の内と外の関係は、「世界がいかなる対象に対しても関係しないこと」(B 457)、つまり無なのである。したがって、世界に空間的な限界があると想定することは不合理である。この論証の論拠は、世界の内と外の関係を認識しえないという点にある。そして、この帰結は、世界の空間的な外部、つまり空虚な空間を認識できないという前提から生じるのである。

上記の引用文を解釈する場合も、空虚な空間の認識不可能性という性格が重要となる。ここで問題とされているのは、空虚な空間に隔てられた世界の現象間の関係である。カントは世界の内部に空虚な空間を想定することを必ずしも否定したわけではなかった。この点は第一アンチノミーの反定立の注釈の記述から裏付けられる。この箇所で、カントは「したがって、確かに、空間は(それが満たされているにせよ空虚であるにせよ)、諸現象によって限界づけられうるが、諸現象は諸現象の外にある空虚な空間によって限界づけられえない」(B 459f.)と述べている。その上で、この引用文内の括弧に付された注で、「容易に気づかれるのは、このことによって言われようとしているのは、現象によって限界づけられる限りでの空虚な空間は、したがって世界の内部での空虚な空間は、少なくとも超越論的原理には矛盾しない。したがって、超越論的原理に関しては、空虚な空間は許容されうるのである。(だからといって、空虚な空間の可能性がすぐさま主張されうるのではないが)」(B 459f. Anm.)とも付け加えている。それゆえ、複数の実体が空虚な空間によって隔てられているという前提そのものは、事実に反する想定とは言い切れない。
むしろ、上記の引用文において事実に反するとされているのは、空虚な空間に隔てられた実体が相互に作用しあうことである。というのも、空虚な空間と充足した空間の境目で経験的総合が中断されてしまうからである。その場合、知覚の総合を介しては、一方の実体の現存から他方の現存へと到達できないことになってしまう。つまり、地球と月の間に空虚な空間があるとすれば、そもそも地球を見た後に、月を見るという言明自体が不可能になってしまうのである。それゆえ、全ての「現象的実体」の間に空虚な空間がないことは、実体間の相互作用が可能になるための前提なのである。

もちろん、「現象的実体」が一つの同じ空間に同時存在するだけでは、これらの実体が相互に作用しあうことを説明できない。とはいえ逆に、実体が空間に存在しているという前提が保持されない以上、実体が相互に作用しあうことを説明することはできないとカントは考えていた。ここでの相互性とは、実体間の規定に相互的な根拠‐帰結関係があることである。けれども、通俗的な意味での実体が他の存在者から自存するという性格を持つ以上、実体間にこうした関係を設定することは困難である。これまで見てきたように、これが多くの哲学者が「世界の統一」の問題を論じてきた理由であった。そして、「原則の体系の注」で、カントはこの問題に対する自らの立場をライプニッツの立場と対比しながら説明している。まず、ライプニッツの見解は以下のように説明されている。

> かくしてライプニッツは、悟性によってのみ思惟されるような世界の諸実体に相互性を付与した際に、神性を媒介に用いたのである。というのも、これらの諸実体の現存だけからでは、相互性は当然ながら理解できないとライプニッツには思われたからである。(B 293)

ここで、ライプニッツは、悟性によって思惟された実体、つまり通俗的な意味での実体の相互性を神を媒介にして説明した哲学者と位置づけられている。もちろん、ここで念頭に置かれているのは彼の予定調和説である。ただし、上記の説明の内容は、機会原因説や『就職論文』のカントの理論にも当てはまるものである。これに対し、カントは自分の見解を以下のように説明している。

しかし我々は(現象としての諸実体の)相互性の可能性を、それらの実体を空間において、したがって外的直観において表象するならば、十分に理解することができる。というのも、空間は、(作用と反作用における、それゆえ相互性における)実在的外的関係の可能性の条件としての、形式的外的関係をアプリオリにすでに含んでいるからである。(Ebd.)

ここで重要なのは、実体間の「形式的外的関係」と「実在的外的関係」が区別されていることである。前者は複数の実体が同じ一つの空間に属することであり、後者はこれらの実体が相互に影響しあっていることである。もちろん、前者の実体間の「形式的外的関係」は、実体の同時存在と同一視されてはならない。というのも、その場合、実体間の「実在的外的関係」が実体間の「形式的外的関係」を前提とするという主張を、「第三類推論」の議論と整合する形で読むことができなくなってしまうからである。より詳しく言えば、その場合、実体間の相互作用が実体間の同時存在の前提になるという「第三類推の原則」とは反対の主張にコミットすることになってしまうからである。それゆえ、実体間の「形式的外的関係」とは、継起や同時存在という時間規定に先立って、これらの実体が感性の形式である一つの空間に共属することと解されるべきである。その場合、上記の主張は、悟性の思惟形式であるカテゴリーを諸現象に適用するためには、感性の形式である空間と時間を前提するというカント認識論の基本的な主張の言い換えと解することができるからである。

したがって、「第三類推論」では、実体間の相互作用のための条件が、感性に由来する原理と悟性に由来する原理の協働によって説明されていると言える。それらの原理とは、空間と相互性のカテゴリーである。そして、この二つの原理の特色に着目した時、「第三類推論」の独自性が明らかになる。一つ目の独自性は、空間に実体間の実在的相互関係の可能性の条件の役割を与えたことである。このことによって、実体は互いに孤立しているという当時の哲学者の多くが支持していた前提から距離を取ることが可能になったのである。二つ目の独自性は、実体間の相互作用の説明原理をカテゴリーによる統一作用に求めた点にある。このことによって、物理影響説を支持するために神を説明原理として用いていた『就職論文』の見解と袂を分かつことが可能になったのである。これは、いずれも、「現象的実体」という新たな実体概念を導入したことによって得られた成果である。

おわりに

本章では、『就職論文』と「第三類推論」の議論を比較検討することで、「第三類推論」の哲学史的な位置づけと独自性を確定することを試みてきた。そのために、本章の前半部では、「第三類推論」の証明構造を分析した上で、原因性のカテゴリーと相互性のカテゴリーの機能の違いを明らかにした。さらに、本章後半部では、「第三類推論」で使用されている実体概念の特異性を示した。この新たな実体概念が、「第三類推論」の独自性を形作っているというのが本章の結論である。

以上の点を踏まえた場合、「第三類推論」はヴォルフ学派による実体＝モナド－現象＝物体の厳密な二分法に対する応答として位置づけられうる。彼らの理論にしたがえば、実体は空間と時間に位置を占めず、他のあらゆる実体から孤立していた。そして、この二分法こそが、彼らが実体間の相互性の問題を論じる際の前提であった。これに対し、「第三類推論」での実体概念は、「現象的実体」と呼ばれ、空間と時間的な位置を持つものとされていた。この実体概念を導入することで、カントは予定調和説や機会原因説ではなく、物理影響説を擁護することが可能になったのである。ただ裏を返せば、この解決は、伝統的な実体間の相互性に関する議論の共通の前提、つまり、実体の自存性を放棄した結果得られたものである。この点を考慮した場合、「第三類推論」には、伝統的な実体論との連続性と断絶の両方が含まれていると言えよう(11)。

（1）「不可欠性論証」の詳細については、石川文康『カント　第三の思考――法廷モデルと無限判断――』、名古屋大学出版会、一九九六年、二一一－二一六頁を参照。石川は同書二一一頁で、「(1)カテゴリーの客観的妥当性弁明の究極的準拠点、経験の可能性の条件、とりわけア・プリオリな認識の可能性の条件を提示しようとする論証のきわめて多くが、しかも決定的な論証であればあるほど、一致していわゆる‘Ohne-nicht-Argument’と呼ばれうる論証形式、もしくはそのヴァリエーションからなっている事実」があると指摘している。

（2）神と世界との関係を人間と人工物との類比で語る際に、確かに原因性のカテゴリーは神と世界全体との間に適用されている。ただ、こうした原因性のカテゴリーの使用はあくまでも理念間の連結のみを対象とする。この点については次章で詳しく論じる。

（3）もちろん、知性の「実在的使用」は経験的帰納とははっきりと区別される。確かに、両者は経験の対象を出発点とする点で共通している。けれども、知性の「実在的使用」によって獲得される概念の妥当性は個々の経験に先立って保証されている。それゆえ、知性の「実在的使用」は、あくまでも、どの対象にも共通に含まれているとされる概念を、我々に与えられている経験の側から確認する手続きにすぎない。したがって、知性の「実在的使用」は、個々の経験を積み重ねることで、概念の妥当性を上げていくという経験的帰納に固有のプロセスとは無縁である。

（4） 一七七〇年代後半のものとされる『L_1』では、以上の問題が「根源的相互作用（commercium originarium）」と「派生的相互作用（commercium derivativum）」という対概念によって説明されている。まず、『L_1』では、「相互作用が根源的であるのは、それがすでに諸実体の現存に根拠付けられる場合である」(XXVIII 213)ことが確認される。けれども、これまで見たように、カントは、実体が現存するだけでは実体間の相互作用は起こらないと考えていた。この点を受けて、『L_1』でも、実体の根源的影響を主張することは、「盲目的影響（influxus caecus）」(Ebd.)と呼ばれ、批判の対象となっている。他方で、「相互作用が派生的なのは、諸実体の現存の他にさらに第三の根拠が必要である場合である」(Ebd.)とされた上で、「派生的相互作用」が「物理的影響」によるものと「超物理的影響」によるものに区分されている。この場合の「超物理的影響」とは、予定調和説と機会原因説のことを指す。その上で、世界の実体間の連結は、「盲目的影響」でも「超物理的影響」でもあってはならない、という結論が示されている(Vgl. XXVIII 215)。つまり、世界の実体間の関係は、これらの実体が実在的に影響しあう点では「物理的影響」であるが、この実在的影響関係の可能性が神という第三の根拠によって説明されている点で、「派生的影響」であるとされるのである。

（5） 確かに、『就職論文』において、この議論が神の存在証明になることは明言されていない。ただし、一七五五年の『新解明』では、この種の議論が従来の宇宙論的証明より高い妥当性を持つと言われている。「したがって、諸実体の端的な現存は相互的交渉や諸規定間の関係のためには完全に不十分である。それゆえ、諸実体の外的連結によって万物の共通原因が明示されるが、この共通原因においては万物の現存が相互に関係するように形成されており、この原理の共通性がなければ普遍的連関は全く考えられないだろう。以上のことから、万物の最高原因、つまり神、しかも唯一の神に対する最も明白な証明が引き出される。少なくとも私の意見では、この証明の方が偶然性の概念を用いたかの証明よりはるかに優れていると思われる」(I 414)。この記述は、前批判期のカントが、この議論を神の存在証明とみなしていた傍証にはなるだろう。

（6） にもかかわらず、「現象的実体」と「実体化された現象」を十分に区別していない研究がいくつか見られる。例えば、ラントンの研究にもこの傾向が見られる。彼女は、バウムガルテンの『形而上学』一九三項における「実体化された現象」を「現象的実体一般（phenomenal substance in general）」と名づけている。その上で、彼女は、「第一類推論」で論じられた実体もこの「現象的実体一般」の一種であるという結論を下している。Cf. Langton, R., *Kantian Humility. Our Ignorance of Things in Themselves*, Oxford University Press, 1998, pp. 53-67. しかし、この結論は批判期のカントの「現象的実体」とバウムガルテンの「実体化された現象」の区別を十分に考慮していない。

おそらく、この結論が生じたのは、彼女が「実体化された現象」という用語が使用されているカントのテキストを中心に議論を組み立てたことに起因すると思われる。確かに、カントのテキストにも「実体化された現象」という用語が使用されている箇所はある。例えば、一七七二年から一七七八年頃のものとされるレフレクシオーン四四九四には、「あらゆる外的現象は実体化された現象である。なぜなら、これらの現象は実体として扱われるからである」(XVII 572)という記述が、同時期のものとされるレフレクシオーン四四九五にも「物体、つまり外的現象は実体化された現象、つまりその他の諸現象の持続的基体である」(XVII 573)という記述がある。さらに、ラントンはこれ以外にも、一七七三年から一七七五年頃のものとされるレフレクシオーン四六九九における「物体は実体化された現象である。それは、物体が複合されているからではなく、物体がそこにおいて第一の基体が欠けているような外的現象だからである」(XVII 679)という記述と一七七五年から一七七六年頃のものとされるレフレクシオーン四八三〇における「確かに、諸現象から相対的実体と実体化された現象へとは到達しうるが、実体そのものへとは到達しえない。物体の根底に多くのモナドがあるということは全く推論されえない」(XVII 740)という記述も援用して議論を進めている。しかし、これらの箇所はいずれも一七八〇年以前のものとされるレフレクシオーンである。したがって、カントが「実体化された現象」という概念を使用したのは、『就職論文』で使用されていた自存する実体という概念が保持されていた時期か、バウムガルテンの教説にコメントを加えるためかのいずれかだと考えられる。それゆえ、これらのレフレクシオーンと批判期のカントのテキストとを無造作に並置するラントンの手法には問題があると言わざるをえない。

また、ワトキンスの研究にも、「現象的実体」と「実体化された現象」を混同していると思われる一節がある。具体的には以下の文章である。「現象的実体(phenomenal substances)を軽蔑的な意味でバウムガルテンが使用していたこと、およびこの用法から派生しているか、カントの前批判期に由来するカント全集におけるテキストを指摘することはできるが、私は一義的に現象的実体を否定している完全に批判期に属するテキストを知らない」。Watkins, E., *Kant and the Metaphysics of Causality*, Cambridge University Press, 2005, p. 352, n. 57. 上記の引用文では、バウムガルテンが「現象的実体」について言及していたとされている。ただし、第一章で確認したように、バウムガルテンが使用したのは、「実体化された現象」であって、「現象的実体」ではない。いずれにしても、「現象的実体」は批判期のカント固有の道具立てであって、ライプニッツ的な実体 - 現象の二分法を前提とする「実体化された現象」とははっきりと区別されなくてはならない。

(7) 問題は前述の引用文で、モナドから外的関係が取り除かれているという記述である。もし、このことで、カントがモナドに内的規定しか含まれていないと理解していたならば、彼はモナド概念を誤解していたことになるだろう。ライプニッツは、どのモナドも、内的規定だけでなく他のモナドとの関係規定も含み、これらの規定を独自の仕方で表現する、つまり表象すると主張していたからである。つまり、カントはモナドの表象性格を誤解していた可能性がある。しかし、カントのライプニッツ理解の妥当性を判定するためには、ライプニッツの表象概念に関するカントの数少ない記述を丹念に分析する必要があるので、本書ではこの問題にはこれ以上立ち入らない。

（8） 前述のラントンの研究も「現象的実体」の独自性に着目した研究だと言える。ラントンによれば、「現象的実体」は、相対的な意味での実体にすぎず、あらゆる偶有性の絶対的な担い手でも、変化の究極的な基体でもないという。この点に依拠して、彼女は、カントが伝統的な実体論の継承者ではないと主張している。Langton, *op. cit.*, p. 67. また国内で「現象的実体」概念の独自性を論じた研究としては、犬竹正幸『カントの批判哲学と自然科学』が挙げられる。同書第八章「カントの動力学論と現象的存在論」において、犬竹は、実体の自存を前提とする伝統的な存在論を「物自体的存在論」と名づけ、「現象的実体」を前提とする「現象的存在論」と対比している。ただし、この研究の力点は『自然科学の形而上学的原理』の動力学的自然哲学と『純粋理性批判』の「原則論」の関係を論じることに置かれている。犬竹正幸『カントの批判哲学と自然科学――『自然科学の形而上学的原理』の研究――』、創文社、二〇一一年、一九八―二〇一頁。

（9） ワトキンスの研究にもこのことは当てはまる。確かに、注6で触れたように、彼は「現象的実体」についてたびたび言及している。ただ、「第三類推論」の証明構造を解説する際に、彼は、「現象的実体」の空間性が「第三類推の原則」の証明に重要な役割を果たしている点についてほとんど触れていない。Watkins, *op. cit.*, pp. 220ff. この論点については次節で詳しく論じる。

（10） 山本、ハーマン、エドワーズがこの点を指摘している。山本は、「第三類推論」の第二版の「第三類推の原則」で実体に空間規定が加わったことを言及した際に、以下のように述べている。「この点は既に第一版の第三類推論でも議論されていた。それによると、二つの実体A、Bが「完全に空虚な空間」(B 259)によって隔てられているとき、双方間に因果的連関が成立しえないから、知覚の上では双方は継起しても、それが客観的継起であるとはいえない、とある」。山本道雄『改訂増補版カントとその時代――ドイツ啓蒙思想の一潮流――』、晃洋書房、二〇一〇年、二三二頁。さらに、ハーマンは空虚な空間の論駁が「第三類推論」の証明に不可欠であると主張した上で、「逆の推論で、カントは因果的に孤立した諸実体と空虚な空間によって分離されている諸実体を同一視している」と述べている。Hahmann, A., *Kritische Metaphysik der Substanz: Kant im Widerspruch zu Leibniz*, de Gruyter, 2009, S. 154f.　また、エドワーズもこの点について「実体的な共存の関係が経験的に我々にとって表象可能であるならば、現象としてのあらゆる実体の間の空間は空虚な空間でないことが証明されなくてはならない」と説明している。Edwards, J., *Substance, Force, and the Possibility of Knowledge. On Kant's Philosophy of Material Nature*, University of California Press, 2000, p. 36.

(11)　ただし、「第三類推論」はあくまでも感性界における諸実体の相互性を論じる議論である。それゆえ、一七八〇年以降、カントが批判期の意味での叡智界における諸実体の相互性の問題を論じていたかという点はさらに議論の余地がある。ただ、この問題について本書では詳しく論じることができなかった。なお、この問題を論じた論文としては、戸田潤也「カントにおける実体の相互作用」、『人間存在論』一五号、京都大学大学院人間・環境学研究科総合人間学部「人間存在論」刊行会、二〇〇九年、六五―七五頁、が挙げられる。同論文の後半部では、叡智界における実体の相互作用の問題が「目的の国」の実現を目指す理性的存在者間の相互関係の問題として論じられている。

第六章　デザイン論証とAls-Obの方法
——ヒュームの『自然宗教に関する対話』に対するカントの応答

はじめに(1)

本章の目的は、ヒュームの晩年の著作『自然宗教に関する対話』(以下、『対話』)の議論に対し、どのようにカントが応答したのかを明らかにすることである。第四章と第五章では、「第二類推論」を含む「類推論」全体をヴォルフ学派に対する応答としても読むことができることを明らかにした。もちろん、この主張によって、「第二類推論」はヒュームの因果論に対する応答であるという従来の解釈が全面的に否定されるわけではない。というのも、「第二類推論」において、カントは、アプリオリな起源を持つ因果の概念が経験の対象に対して客観的妥当性を持つと主張しているからである。この主張はヒュームの因果論に対する応答とみなすことができる。というのも、ヒュームは、「類推論」の議論とは反対に、因果の概念が経験の対象に対して主観的妥当性しか持たないと主張していたからである。以上の点だけに着目すれば、従来の解釈は、「ヒュームに対するカントの応答」の一面を捉えているとは言える。

しかし、この解釈の問題点は、因果関係の項が実体であるという「類推論」の前提が十分に考慮されていないことである。それゆえ、この解釈を支持することによって、「類推論」の成立経緯と最終目標が誤解されてしまう危険がある。それは以下の理由による。「類推論」全体の目的は、複数の実体が一つの全体をなすための原理を示すことである。第四章と第五章で見た通り、この点で、「類推論」は伝統的な「世界の統一」の問題に応答するための議論である。ところが、ヒュームはこの問題を論じていない。それどころか、ヒュームは、この問題を論じるための前提となる実体と力の概念を否定している。要するに、ヒュームは「類推論」の前提も目的も共有していないのである。それゆえ、「類推論」全体がそもそもヒュームの因果論に応答するために著されたテキストだとは考えにくい。それでも、従来の解釈がもっともらしく見えるのは、この解釈の支持者がカントとヒュームの因果論を過度に単純化した上で、「第二類推論」を残る二つの類推論から切り離して論じているからだと思われる。

以上の点を踏まえ、本章では、従来の解釈とは異なり、世界全体と神との関係を適切に設定する方法をカントが示したことが、「ヒュームに対するカントの応答」の一端をなしていたことを明らかにしたい。(2) この主張は、カントがヒュームの因果論に応答しようとした目的にも適合している。カントは、ヒュームの因果論が経験の領域外での因果の概念の妥当性を全面的に否定する危険があると考えていた。そして、この危険を回避しようとすることこそが、カントがヒュームの因果論に応答しようとした目的だったのである。この点は多くのテキストから裏付けられる。『プロレゴメナ』の「序言」で、カントは、「この概念(=原因の概念)の起源が突き止められさえすれば、その使用のための条件とその概念が妥当でありうる範囲に関しては、すでにおのずから決着がついていただろう」(IV 259)と述べている。これに対応する形で、カントは、ヒュームが原因の概念を経験に由来するとみなすことで、この概念の妥当する範囲を経験の対象に制限したと解釈していた。この点について、『純粋理性批判』でも、カントは、原因の概念を経験から導出するヒュームの手法に言及した上で、「しかしその後、ヒュームは、これらの概念とこれらの概念から誘発される諸原則を用いて、経験の限界を超え出ることは不可能であると説いた点で、きわめて首尾一貫した態度を取った」(B 127)と述べている。そして、このヒュームの手法が、最終的には、経験の領域外の対象を論じる特殊形而上学さえも不可能にするとカントは解釈していた。この点は、ヒュームが要求したのは、「原因の概念における必然性のあらゆる客観的な意義に代えて、単に主観的な意義、つまり習慣が想定されることで、理性から神、自由、不死に関するあらゆる判断を剝奪すること」(V 13)に他ならなかったという『実践理性批判』の「序文」の記述からも読み取れる。それゆえ、ヒュームに対抗して、カントが原因の概念の起源は純粋悟性にあると主張したことの意義を明らかにするためには、経験の領域外の対象に対しても原因の概念を適用できるのか、という問題に対する両者の立場の相違を明らかにする必要があると思われる。

この点を明らかにするためには、様々なアプローチがありうる。[3] だが本章では、その手立ての一つとして、一七八〇年以降、特に『プロレゴメナ』において、カントが『対話』でのいわゆる「デザイン論証」、つまり神の存在の目的論的証明への批判に対して応答を試みていたことに着目したい。[4] このことは、「ヒュームに対するカントの応答」に関する研究では、それほど注目されてこなかった。[5] だが、「デザイン論証」は、世界の秩序や合目的性という結果から、その原因としての世界の創造者を推論する論証である。つまり、この論証においては、原因の概念が経験の領域外の対象に適用されているのである。そして、カントは、世界全体と神との間との因果関係を設定する新たな方法を示すことで、ヒュームの「デザイン論証」批判に応答している。それゆえ、『対話』の「デザイン論証」批判に対するカントの応答は、ヒュームの因果論に対抗して形而上学を救いあげようとしたカントの取り組みの具体的な事例を示すための有力な手がかりとなるはずである。

議論は以下の順序で進められる。まず、『対話』に対するカントの言及を手がかりに、カントが『対話』の「デザイン論証」批判を、「擬人神観」と「有神論」が不可分かつ両立不可能であることを示した議論とみなしていたことを明らかにする(第一節)。次に、この議論に応答するために、カントが、世界と神との関係を、現象間の因果関係ではなく、理念間の因果関係として位置づけていたことを示す(第二節)。最後に、この理念間の因果関係を下敷きにして、神の具体的属性を「～かのように」という形で語るAls-Obの方法を拠り所に、カントが「有神論」の可能性を確保したことを明らかにする(第三節)。

第一節　カントの『対話』解釈——「擬人神観」と「有神論」の不可分性と両立不可能性

本節では、カントがヒュームの『対話』をどのように解釈したのかを明らかにする。『対話』は、クレアンテス、デメア、フィロという立場の異なる三人の対話者が、「デザイン論証」の可否をめぐって議論を戦わせる対話篇である。その際、因果推論を用いて神の属性を適切に語ることができるのか、という問題が争点の一つとなっている。もちろん、『対話』だけから、この問題に対するヒュームの本当の立場を特定することは困難である。というのも、『対話』において、三人の対話者のうち誰がヒュームの立場を代弁しているのかが明示されていないからである。とはいえ、カントは、『対話』を、この問題に対するヒュームの立場を示すテキストとみなし、ほぼ一義的に解釈している。以下では、カントが『対話』からどのような問題を見て取ったのかを確認したい。

まず注目すべきは、カントが『対話』の議論を「有神論(Theismus)」に対する強力な反論として位置づけていたことである。この点は、『対話』に関するまとまった記述がある『プロレゴメナ』の「結語」の以下の箇所から見て取ることができる。

> 理神論に対するヒュームの反論は手ぬるく、決して証明根拠以上のものには的中せず、決して理神論的主張の命題そのものには的中しない。しかし、理神論では単に超越的だった我々の最高存在者の概念をより詳細に規定することによって成立するべき有神論に関して、ヒュームの反論はきわめて強力である……。(IV 356)

「有神論」という用語は、「理神論(Deismus)」という用語と同様、多義的である。ただ少なくとも、カントは、「根源的存在者(ens originarium)」や「最高存在者(ens realissimum)」といった抽象的な述語を用いて神を語る立場を「理神論」、知性や意志といった具体的な述語を用いて神を語る立場を「有神論」と呼んでいた。この点は、「したがって、理神論者は根源的存在者を世界原因(Weltursache)としてのみ表象し(その際、この世界原因が自らの本性の必然性による原因か、自由による原因かは未定のままである)、有神論者は世界創造者(Welturheber)として表象する」(B 659f.)という『純粋理性批判』の記述からも裏付けられる。つまり、カントにとって、「理神論」とは世界の第一原因としてのみ神を語る立場である。その際、神がどのようなタイプの原因かは決定されていない。これに対し、「有神論」とは、人間との類比を手がかりに、自由に基づく原因という特定のタイプの原因、つまり世界の創造者としての神を語る立場である。このように、カントは、神に付与される属性の相違に応じて、「理神論」と「有神論」を区別していたのである。

以上のことを考慮した場合、『対話』の三人の登場人物のうち、カント的な意味での「有神論」の立場に該当するのは、「デザイン論証」を支持するクレアンテスである。確かに、ヒューム関連の文献では、正統派の信仰を持つデメアに対し、クレアンテスは理神論的な傾向を持つと言われることがある。それゆえ、クレアンテスを「有神論者」として位置づけるのは、一見奇妙に見えるかもしれない。ただここで注意しなくてはならないのは、カントが「理神論」と「有神論」という用語をヒューム研究者とは異なる意味で使っていたことである。それゆえ、カントの用語法の枠内では、「デザイン論証」を用いて知性や意志といった神の具体的属性を論証しようとするクレアンテスの立場を「有神論」と呼ぶことは正当である。また以上のことから、カントが「有神論」に対するヒュームの強力な反論と呼んでいるのは、懐疑論者フィロによる「デザイン論証」に対する一連の批判であることもわかる。

では、「有神論」に対するヒュームの反論とはどのようなものだろうか。この点について、カントは「ヒュームの危険な論証は総じて擬人神観(Anthropomorphismus)にかかわる。擬人神観について、ヒュームは、これは有神論と不可分でありながら、有神論を自己矛盾させるものとみなしている」(IV 356)と説明している。人間に似た属性を神に付与する「擬人神観」を支持することは、人間と神との間の異種性が損なわれるという危険と隣り合わせである。だから、カントは、「擬人神観」と「有神論」との不可分性を示した『対話』の議論を、「有神論」に対する強力な反論とみなしたのである。そして、このカントの『対話』解釈は、『対話』において、クレアンテスが「擬人神観論者」であるとたびたび批判されている点に着目したものだと考えられる。

ただ、クレアンテスに対する批判の多くは、彼が「擬人神観論者」であることを突くよりも、「デザイン論証」そのものの構造を問題とするものである。『対話』の「デザイン論証」は、二つの対象間の類比を基礎にした因果推論である。『対話』において、この論証は、a．世界は機械と似ている、b．機械は人間の知性と意志の結果である、c．「類比の法則」にしたがい、結果間の類似から原因間の類似を推論できる、d．ゆえに人間に似た知性と意志を持つ神が存在する、というプロセスで行われると説明されている(Cf. D 45; 邦訳二八頁)。つまり、この論証は、人間と機械という二つのタイプの対象の「恒常的連接」の経験を基礎にして、一方のタイプの対象である世界が出現した際に、もう一方のタイプの対象、つまり人間に似た世界の創造者が存在することを期待するヒューム的な因果推論なのである。それゆえ、この論証が妥当であるためには、世界と機械という二つの結果の間に可能な限り多くの類似を認める必要がある。この点は、『対話』第五部で、フィロが「デザイン論証」について、「見られる結果が同様であればあるほど、そしてまた推測される原因が同様であればあるほど、その論証がそれだけいっそう強力であることは確実だ」(D 67; 邦訳六三頁)と述べていることからも見て取れる。

しかしそうなると、世界全体を「デザイン論証」を用いて神の具体的属性を証明するための手がかりにすることは困難になる。世界全体があまりにも広大で経験不可能であるがゆえに、世界全体と機械との類似点を確かめる術がほとんどないからである。だが、世界全体と機械という結果が異種的ならば、そもそも「デザイン論証」は成立しない。『対話』の第二部で、フィロはこの点に着目して、「二種類の対象が互いに連接されて常に観察されてきた場合、僕は他方の存在を見れば、いつでも一方の存在を習慣によって推論できる。そして、これを僕は経験に基づく論証と呼ぶ。しかし、対象が、現在の例(=世界全体の起源という例)のように、単一で、個別的で、相似的ないし種的類似を欠いている場合、どのようにこの論証(=デザイン論証)が成り立ちうるかは説明が困難であろう」(D 51; 邦訳三九頁)と述べることで、「デザイン論証」を批判している。となると、『対話』でも行われているように、大抵は、目や人体といった世界の一部と機械との類似を手がかりに、神の具体的属性を推論するという手続きが取られることになると思われる。

しかし、この手続きを取ることが、「デザイン論証」は「擬人神観」につながるという批判を招くことになる。というのも、「デザイン論証」の構造上、世界の一部という結果が有限である以上、その原因も有限であることが推論されるからである。『対話』第五部では、このような理由から、「デザイン論証」は神の属性の無限性を主張することはできないと批判されている（Cf. D 68; 邦訳六五頁以下）。もちろん、世界の一部分さえも、機械よりはるかに偉大で精密だとみなせば、それに応じて、この部分が人間とは比べものにならぬ程優れた知性と意志によって製作されたことを推測できるかもしれない。だが、その場合でさえも、神の知性と意志の内実が人間のものをモデルに推測されている以上、「擬人神観」を完全に回避できるわけではない。

以上のように、ヒューム的な因果推論を用いて神の具体的属性を推論しようとした場合、以下の二つの問題が生じることになる。一つ目の問題は、世界全体とその原因との間に因果関係を設定することが困難であることである。二つ目の問題は、世界の一部と機械との類似を手がかりに「有神論」的な神を推論しようとした場合、ほぼ確実に「擬人神観」に陥ってしまうことである。カントは、特に二つ目の問題に着目して、『対話』の議論を「擬人神観」と「有神論」の不可分性が論証されている議論として解釈したと考えられる。

第二節　『対話』に対する応答の前提としてのカントの因果論

では、カントは『対話』の議論にどのように応答したのだろうか。前節で確認した二つの問題は、ヒュームの因果論に依拠した場合にのみ発生する。だから、『対話』の議論に応答する際にカントが取った戦略は、ヒュームとは異なるタイプの因果論を拠り所に、上記二つの問題を解決することで、「有神論」の可能性を示すことだったのである。そこで本節では、カントの因果論の特色を確認しつつ、カントが、前述の一つ目の問題に答えるために、世界全体と神との因果関係をどのように説明したのかを明らかにする。

周知のように、カントは原因の概念が経験ではなく純粋悟性に由来すると主張した。カントの因果論の特色は、この主張を拠り所に、現象としての原因と物自体としての原因をはっきりと区別したことである。それによって、カントは、現象に対する場合とは異なる方法で、物自体に対して原因性のカテゴリーを適用できることを示そうとした。では、カントは現象と物自体に対するカテゴリーの適用方法をどのように区別したのだろうか。

カントによれば、複数の現象間に原因性のカテゴリーを適用することは、あらゆる出来事を経験するための不可欠の条件だという。この主張の証明が行われているのは、『純粋理性批判』の「第二類推論」においてである。この箇所で、カントは、複数の知覚を継起的に総合することが出来事の経験に固有な特徴ではない、という前提から出発している。というのも、同時存在する複数の部分を含む家の現象を経験する際にも、これらの部分を継起的に総合する必要があるからである。だが同時に、カントは、家の現象を経験する際には、この総合が家の上下左右のどこからでも始められるのに対し、舟が川を下るという出来事を経験する際には、舟の位置の知覚を上流から下流へと向かう順序でしか総合できないとも付け加えている。要するに、出来事を経験する際に行われる知覚の総合の順序は不可逆なのである。しかるに、この不可逆性が知覚の総合に付与されるのは、当の出来事の現象とそれに先行する任意の現象との間に原因性のカテゴリーが適用された場合だけである。上記の例で言えば、先行する任意の現象が舟の運動を引き起こしたとみなすことによってのみ、舟の位置の知覚の順序が決定される。したがって、原因と結果のカテゴリーを現象に適用した場合にのみ、出来事の経験が可能になるのである。

この議論は、「結果：原因＝出来事(ex. 舟の移動)：X」という比例性の類比の形で表すことができる。もちろん、カントの指摘するように、「3：9＝4：X」のような数学の比例式とは異なり、上記の類比において第四項Xの値は直ちに決定されるわけではない(Vgl. B 222)。それゆえ、舟の運動の原因Xが何であるかは、あくまでも経験において探求されなくてはならない。むしろ、この類比は、舟の現象とそれに先行する現象Xとの関係が結果と原因との関係と同質である場合に限って、出来事の経験が成立することを表現しているのである。この点で、「第二類推論」は、ヒュームとは異なる意味での類比、つまり、二つの関係間の類比に依拠して、原因と結果の概念があらゆる現象に対して客観的妥当性を持つことを保証する議論だと言える。それゆえ、しばしば「第二類推論」は、ヒュームの因果論に対するカントの応答として考察されてきた[6]。

だが、「第二類推論」だけでは、神のような原理的に経験不可能な対象に対して原因の概念を適用するための条件を説明することはできない。「第二類推論」は、ある出来事の原因を発見するために、経験の領域内において因果系列を背進するという営みの正当性を保証する議論である。しかし、その際発見されうる原因も出来事である以上、この原因はさらにその原因を持つ。それゆえ「第二類推論」にしたがえば、この背進を恣意的に停止することは不可能なのである。だから、世界の内部であれ外部であれ、世界の第一原因が存在すると主張することは、「第二類推論」の議論と衝突するように見える。この点は、「端的に必然的な存在者は、世界の内にも外にも、世界の原因としておよそ現存しない」(B 481)という第四アンチノミーの反定立命題の証明において指摘されている通りである。

では、この状況はどのように解決されるのか。そのためには、物自体としての原因に関するカントの議論に注目する必要がある。カントは経験の領域外でカテゴリーを使用することを全面的に禁止していたわけではなかった。この点を知るための手がかりとなるのが、対象を「認識すること(erkennen)」と対象を「思惟すること(denken)」との区別である。カントによれば、対象を認識するためには、経験か理性によってその客観的実在性を示す必要があるのに対し、「私が自己矛盾しさえしなければ、つまり私の概念が可能な思想でありさえすれば、私は自分が欲するものを思惟することができる」(B XXVI Anm.)、という。つまり、「丸い三角形」や「鉄製の木」といったそれ自身矛盾を含む対象以外、どのような対象も思惟可能である。そして、カテゴリーの使用を経験の対象に制限したというカントの有名な主張は、実は対象の認識の場面で、物自体に対するカテゴリーの適用を禁じているにすぎない。これに対し、カントは、対象の思惟が問題になる場面では、物自体にカテゴリーを使用することを許容していた。例えば、『純粋理性批判』B版「演繹論」の注で、カントは「カテゴリーは、思惟することにおいては、我々の感性的直観の条件によって制限されておらず、むしろ限界づけられていない領域を持ち、ただ、我々が思惟するものを認識すること、つまり客観を規定することだけが、直観を必要とすること」(B 166 Anm.)に注意するよう読者に促している。また、同書のB版「序文」で、カントは、理性の思弁的な認識が経験の対象に制限されることを指摘した上で、「とはいえ、それは十分に注意されなくてはならないことだが、我々はまさに同一の対象を物自体そのものとしても認識することはできないとしても、それでも少なくとも思惟することができなくてはならないということは、やはりその際常に留保されている」(B XXVI)とも主張している。このような主張は当然神にも当てはまる。それゆえ、カントは、経験の領域外に「世界原因」としての神を想定することを許容していたことになる。ただ、この想定された原因がそれ自体何であるかを認識することだけが禁じられているのである。

もちろん、「世界原因」としての神は、経験の領域内で因果系列を背進した末に、想定されるものではない。その場合、世界の外に第一原因を想定するのと同時に、経験の領域内での因果系列の背進が中断されてしまうことで、世界の始まりが恣意的に設定されてしまうからである。そして、それは世界全体が経験可能であると主張するのに等しい。だが、カントによれば、「あらゆる現象の総体」(B 391)としての世界は理性の生み出す理念にすぎない。つまり、世界とは、因果系列の全体性とそれを可能にする無制約者を求める理性にとって避けることのできない課題でありながら、実際には経験不可能なものなのである。このような理念の両義的な性格について、カントは「私は理念を、それに合致するいかなる対象も感官において与えられえないような必然的な理性概念と解する」(B 383)と述べている。それゆえ、「世界原因」を想定する際には、経験の領域内での因果系列の背進とは異なる方法が必要となる。

さて、その際にカントが採用した方法は、理念としての世界全体の外にその原因としての神を想定することであった。確かに、「第二類推論」の議論に依拠している限り、経験の領域内で因果系列の背進を停止して、世界全体を設定することは禁じられている。それでも、理性が世界全体という理念を希求しているからこそ、この理念は、自然を探求する際に、「あたかも系列がそれ自体で無限であるかのように、つまり不定的(in indefinitum)であるかのように」(B 713)因果系列を背進せよという規則を理性に提示する「統制的理念」として機能するのである。しかし、カントによれば、この理念としての世界全体に対して、その根拠を想定することは、経験の領域内での因果系列の背進が停止できないという事実と衝突しない、という。このことは、「しかし、現象の、つまり感性界の叡智的根拠を考え、この根拠を感性界の偶然性から解放されていると考えることは、現象の系列における制限されていない経験的背進にも、現象の一貫した偶然性にも反していない」(B 591f)という第四アンチノミーの解決の説明からも読み取れる。このように、カントは、現象間の因果関係と理念間の因果関係をはっきりと区別した上で、両者を並存させたのである。

もちろん、この理念間の因果関係は世界全体が神によって引き起こされたということを証明するために設定されたわけではない。このように考えれば、両者の因果関係は、現象間の因果関係と同じく、作用因とその結果の関係になってしまうだろう。むしろこの関係は、世界全体という理念とその外との関係を語るために仮説的に設定されるにすぎない。だが、この関係は理性の「限界(Grenze)」を設定するために不可欠である。このことは、「感性界に属する全てを含む経験は自分自身を限界づけない。経験は各々の条件づけられたものから常に他の条件づけられたものにのみ到達する。経験を限界づけるべきものは、全面的に経験の外になくてはならず、これが純粋な悟性的存在者の領域である」(IV 360)という『プロレゴメナ』五九項の記述からもうかがい知ることができる。要するに、神を現象とは異種的な原因として世界全体に関係付けることによってはじめて、世界の内と外がはっきりと識別されるのである。

以上のように、世界全体と神との間の因果関係を理念間の因果関係として位置づけることで、カントは前述の一つ目の問題に答えたのである。そしてこのことによって、カントは『対話』の議論に応答するための第一歩を踏み出した。この点は、『プロレゴメナ』五八項での「有神論」をめぐる困難が「ヒュームの原則」(IV 360)と「ヒュームが全面的に見落とした別の原則」(Ebd.)を結合することで解決されるという主旨の記述からもわかる。「ヒュームの原則」とは、経験の領域外の対象は認識できないという原則であり、他方、後者の原則は、経験の領域外に現象とは異種的なものを想定しなければ、経験の領域を限界づけることはできないという原則である。それゆえ、カントは、現象とは異種的な「世界原因」としての神と世界全体との間の因果関係を設定することが、「有神論」を擁護するための重要な前提になると考えていたと言える。ただ、「有神論」の擁護を完遂するためには、このように想定された「世界原因」をより詳細に規定することで、神を「世界創造者」として表現するための方法が必要である。しかも、この方法は「有神論」が不可避的に「擬人神観」に陥るという前述の二つ目の問題に対する何らかの解決策でなくてはならない。こうした条件を満たすために、カントが導入したのがAls-Obの方法である。次節では、このAls-Obの方法の特色を考察することで、カントがどのように『対話』の議論に応答したのかを明らかにしたい。

第三節　Als-Ob の方法と「有神論」の擁護

まず、Als-Ob の方法の特色を確認しよう。カントによれば、Als-Ob の方法は「類比に依拠した認識」(IV 357) である、という。その上で、カントは、「類比とは、この語が通常そう解されているように、決して二つの物の不完全な類似性を意味するのではなく、全く似ていない諸物の間の二つの関係の完全な類似性を意味する」(Ebd.) と付け加えている。つまり、Als-Ob の方法は、世界と未知なる神との間の関係と人工物と人間との間の関係との類似性を表現する方法なのである。この点について、カントは「我々は、世界を最高の悟性と意志の産物であるかのようにみなさざるをえない」(Ebd.) と言うことは、「時計、舟、連隊の、技師、建築家、連隊長に対する関係は、感性界（あるいは、現象のこの総体の基礎をなすあらゆるもの）の未知なるものに対する関係に等しい」(Ebd.) と言うことに他ならない、と説明している。このことから、Als-Ob の方法は、「時計：技師＝感性界：X」という形の比例性の類比に依拠した認識だと言える。

では、なぜこれら二つの関係が類似していると言えるのだろうか。それは、これらの関係が、物自体としての原因とその結果間の関係という点で、同種的だからである。「感性界：X」の関係、つまり、理念としての世界全体とその外なる原因との関係がこのタイプの関係であることは、前節で確認した通りである。他方、左辺「時計：技師」は、人間の「理性による原因性」、つまり「自由の原因性」による製作行為を表現している。カントは、理論哲学の文脈では、自由を「ある状態を自ら始める能力」(B 561) と特徴付けていた。だが「第二類推論」の議論によれば、感性界の全ての現象は先行する原因を持ち、自然必然性にしたがっていることになる。それゆえ、行為の主体が現象でしかないとすれば、その行為も、時間的に先行する他の現象によって決定されたものとしてしか考察できなくなる。だから、カントは、ある行為を「自由の原因性」の結果として考察するためには、行為の主体を現象としてのみならず、時間的に先行する条件に縛られない物自体としての原因ともみなす必要がある、と主張したのである。このことは、「したがって、結果は、その叡智的原因に関しては自由とみなされうるが、それでも同時に、現象に関しては、自然の必然性にしたがった現象からの帰結とみなされうる」(B 565)という第三アンチノミーの解決の記述からも読み取れる。それゆえ、「自由の原因性」も、「感性界：X」と同様、物自体としての原因とその結果間の関係を意味する。だからこそ、Als-Ob の方法によって、「感性界：X」という関係を人間の「自由の原因性」になぞらえて表現することが可能なのである。[7]

だが、Als-Ob の方法によって「有神論」的な神を表現する際にも、「自由の原因性」という人間の意志にも付与されうる述語が使用されている。その点で、この方法も結局は「擬人神観」であり、前述の二つ目の問題に対する解決策にはなりえないように見えるかもしれない。この疑念を裏付けるかのように、当のカント自身が『純粋理性批判』で Als-Ob の方法を論じる際に、「それどころか我々は、この理念において前述の統制的原理に有益なある種の擬人神観を、恐れずにまた非難されることなく許容することができる」(B 725)と述べている。しかし、この「擬人神観」を許容するような記述は、『対話』に応答する際にカントが「擬人神観」を回避しようとしていたことと衝突しない。というのも、カントは「擬人神観」という用語を両義的に使用していたからである。特に、『プロレゴメナ』では、「独断的擬人神観(der dogmatische Anthropomorphismus)」(IV 357)と「象徴的擬人神観(der symbolische Anthropomorphismus)」(Ebd.)という用語によって、この二つの意味がはっきりと区別されている。その上で、カントは神そのものに人間の属性を付与する「独断的擬人神観」を回避する一方で、「しかしそれでも、我々はそのような属性〔=それによって我々が経験の対象を思惟するような属性〕を最高存在者の世界に対する関係に付与し、我々に象徴的擬人神観を許容する……」(Ebd.) と述べているのである。それゆえ、カントは、Als-Ob の方法が一種の「擬人神観」だと認めていたことになる。しかし同時に、カントはこの方法を『対話』で批判されている「擬人神観」とは別物であると考えていたとも言えるだろう。

以上のことから、カントがどのようにして二つ目の問題を解決し、『対話』の議論に応答したのかがわかる。まず、カントは、「独断的擬人神観」を回避しようとした。というのも、このタイプの「擬人神観」は、神そのものに人間に似た属性を付与することで、神を人間と同種的なものにしてしまうからである。その限りで、カントは『対話』の議論を支持していたと考えられる。とはいえ、カントは、このタイプの「擬人神観」を廃棄することで、直ちに「有神論」が不可能になるとは考えなかった。というのも、Als-Ob の方法という別のタイプの「擬人神観」が残されているからである。カントが、「この概念(=最高存在者の概念)を絶対的に規定しようとして、そのための素材を自分自身と世界から借りてくる者達に対してヒュームが行う攻撃は、我々には当たらない。また、ヒュームは、我々から最高存在者の概念の客観的擬人神観が剝奪される場合、我々には何も残らないと我々を非難することはできない」(IV 358) と述べているのはそのためである。それゆえ、カントは、「擬人神観」を全面的に否定することで、「有神論」の可能性を確保しようとしたわけではない。むしろ、カントは、「擬人神観」を Als-Ob の方法＝「象徴的擬人神観」という意味に読み替えることで、ある種の「擬人神観」と「有神論」が両立可能なことを示そうとしたのである。これが『対話』に対するカントの応答である。

ただ、『対話』に応答する際に、カントは、Als-Ob の方法によって、世界における物の秩序を「デザイン論証」とは異なる方法で扱うことができることをほとんど問題にしていない。Als-Ob の方法は、人工物の場合と同様、世界も「自由の原因性」の産物とみなす方法である。それは、理念としての世界全体を、完結しえない系列としてのみならず、一つの目的によって作られた体系ともみなすことに他ならない。カントによれば、このことによって、自然を探求する理性に「目的論的法則に依拠して世界の物を連結し、このことによって、それらの物の最高の体系的統一へと到達するという全く新たな展望」(B 715)が与えられる、という。つまり、「有神論」的な神を「統制的理念」としてみなすことで、世界における物の秩序の合目的性を問う観点がはじめて確保されるのである。だからといってAls-Obの方法は、「デザイン論証」のように、この物の秩序の原因を直ちに神の意図に帰するのではない。むしろ、カントはこの秩序の原因を世界の内部で探求しなくてはならないことを強調している。(8) しかし、『プロレゴメナ』では、この点について、きわめて圧縮された形でしか述べられていない。それゆえ、『対話』に対して応答する際に、カントの関心は「有神論」の可能性を確保するという点に集中していたと言えるだろう。

おわりに

これまで見てきたように、カントはAls-Obの方法を導入することで、『対話』の議論に応答した。この方法は、「デザイン論証」で使用されているものとは異なるタイプの類比によって、世界全体と神との関係が、人工物と人間との関係と同種的であることだけを表現する。そして、本章で見たように、この方法を導入できたのは、ヒュームとは異なり、カントが、神と人間との異種性を保持したまま、世界全体と神との間に因果関係を設定するための手続きを示したからである。それゆえ、カントの因果論はAls-Obの方法による「有神論」の擁護の第一の論拠をなしていることになる。もちろん、カントによる「有神論」の擁護の全貌を示すためには、神の自然的属性だけでなく、慈悲や正義といった神の道徳的属性をカントがどのように擁護したのかという問題も論じる必要があるだろう。(9)それでも、本章は、「有神論」の擁護という具体的な形而上学の問題も念頭に置いて、カントがヒュームの因果論に応答していたことを示すことはできたはずである。

同時に、Als-Ob の方法の前提となるカントの因果論は、「系列の全体性」としての世界を論じるための新たな手立てでもある。カントは、因果系列の背進によって到達できる世界の部分と理念として想定される世界全体を峻別した。それと同時に、彼は現象間の因果関係と、世界全体と世界原因という二つの理念間の因果関係をはっきりと区別した。このことによって、世界を構成する系列の背進は無際限に続けられるという主張と、世界全体の原因を想定しうるという主張が両立可能になったのである。第一章で、「無限への進行」の問題を論じた際に確認したように、この二つの主張を両立させることは、バウムガルテンの体系ではなしえなかったことである。

また、Als-Ob の方法のもう一つの前提であるカントの理念論は、「系列の全体性」としての世界を論じるために、理性の関心というある種の実践的な道具立てを導入することを可能にしている。もちろん、世界全体が理念であると位置づけることによって、カントは世界全体が単なる空想や仮構だと言いたかったわけではない。むしろ、世界全体が理念と呼ばれるのは、人間の理性が世界全体に到達不可能でありながらも、世界全体を必然的に希求するからである。だからこそ、理念としての世界全体は、因果系列の背進を介した自然探求に動機と手引きを与えることができる。このように、理念としての世界全体という道具立ては、「系列の全体性」としての世界が本当に人間の理性にとって必要かどうか、という問題設定を行うことを可能にしている。第二章で指摘したように、このような問題設定はバウムガルテンの世界論にも前批判期のカントの世界論にも見られなかった。したがって、「系列の全体性」としての世界を、理論的な把握可能性という観点だけでなく、実践的な必要性という観点から論じることを可能にした点に、カントの理念論の意義があると言えるだろう。

さらに、こうした理念論の特色は Als-Ob の方法そのものにも当てはまる。というのも、Als-Ob の方法は、

「有神論」的な神を理論的な把握可能性ではなく、実践的な必要性という観点から、論じるための方法だからである。この方法によって、自然探求を介して「有神論」的な神に到達可能であると主張されるわけではない。だからといって、この方法によって、「有神論」的な神が全面的に否定されるわけでもない。むしろ、この方法は、「有神論」的な神が、諸事物の目的連関を探求するための動機と手引きを与えるために不可欠であると主張するための方法である。したがって、Als-Ob の方法を使えば、「有神論」的な神の存在が理論的に確証できない場合でも、世界を目的論的に探求する余地を残すことができるのである。この点で、Als-Ob の方法は「デザイン論証」とはっきり区別される。というのも、「デザイン論証」においては、諸事物の目的連関が直ちに「有神論」的な神の存在を証拠だてるものだったからである。つまり、「デザイン論証」の支持者にとって、諸事物の目的連関と「有神論」的な神の存在の理論的な認識は不可分だったのである。したがって、実践的な必要性という観点の導入によって両者を切り離したことに、Als-Ob の方法の意義があると言えるだろう。

以上のことから、Als-Ob の方法とその前提となる因果論と理念論は、ヒュームに応答するためだけでなく、世界を論じるためにも重要な役割を果たしていたことがわかる。つまり、カントがヒュームに応答する際には、彼が世界の問題を論じる際に使ったのと同じ方法を使っていたのである。以上のことが、本章の議論によって明らかになったはずである。

（1）本章は、増山浩人「デザイン論証と Als-Ob の方法――ヒュームの『自然宗教に関する対話』に対するカントの応答――」、『哲学』、六四号、知泉書館、二〇一三年、一九一―二〇五頁を加筆修正したものである。

（2）これまでも従来の解釈に批判的な論文はあった。特に、ヒュームの『人間本性論』第一巻「知性について」末尾の議論がカントのアンチノミー論形成の誘因になっているという論点は、キューン、クライメンダール、エアトルなどの多くの研究者に注目されてきた。Kuehn, M., Kant's Conception of "Hume's Problem," in: *Journal of the History of Philosophy*, 21, 1983, pp. 175-193; Kreimendahl, L., *Kant—Der Durchbruch von 1769*, J. Dinter, 1990; Ertl, W., Hume's Antinomy and Kant's Critical Turn, in: *British Journal for the History of Philosophy*, 10, 2002, pp. 617-640. また典拠は異なるが、石川もアンチノミー論とカントの「ヒューム問題」との関連を指摘している。石川文康『カント　第三の思考――法廷モデルと無限判断――』、名古屋大学出版会、一九九六年、一二〇―一二六頁。なお、この論点に対して批判を行っている論者としては、山本道雄が挙げられる。山本は、「カントはいつ「デイヴィット・ヒュームの警告」を受けたのか」という論文の中で、「「ヒューム問題」に同時にアンティノミー問題まで読み込むことは、体系的観点からする後知恵的解釈」であると批判している。山本道雄『改訂増補版　カントとその時代――ドイツ啓蒙思想の一潮流――』、晃洋書房、二〇一〇年、三五五頁。

なお、カントが読んだとされる『人間本性論』の抄訳は、一七七一年七月に出版された『ケーニヒスベルク学術・政治新聞』に収録されているハーマン訳である。この抄訳は、「懐疑論者の夜の思索(Nachtgedanken eines Zweiflers)」というタイトルでハーマン全集四巻に収録されている。Vgl. Hamann, J. G., *Sämtliche Werke*, Historisch-kritische Ausgabe von Josef Nadler, Bd. 4, Thomas-Morus-Presse, 1952, S. 364-371.

(3)　特に、自由の問題に着目することは、ヒュームとカントの因果論の争点を明らかにするための一つの有力なアプローチであると考えられる。この点に着目した研究としては、高田純『カント実践哲学とイギリス道徳哲学――カント・ヒューム・スミス――』、梓出版社、二〇一二年を挙げることができる。同書第I部第四章「ヒュームの決定説との対決」において、高田は、カントの自由の原因性や叡智的性格の概念が、ヒュームの決定論との対決を経て得られたものであるというテーゼの立証を試みている。高田、前掲書、五二―六一頁。また、同書一四頁で、高田は、ヒュームの哲学はカントの認識論、自由意志論、人間学という三つの領域に影響を与えたというテーゼを立てている。ヒュームがカントに与えた影響をここまで広く解釈した研究者は、きわめて珍しいと思われる。

(4)　もちろん、カントがどの時期に、どのような版で『対話』を読んだのかという点は議論の余地がある。この点について、ハーマンの書簡を典拠に、一七八〇年頃にカントがハーマンによる『対話』の独訳を本人から借りて読んでいたことを立証した研究としては、Löwisch, D.-J., Kants Kritik der Reinen Vernunft und Humes Dialogues Concerning Natural Religion, in: *Kant-Studien*, 56, 1965, S. 170-207 がある。なお、ハーマン訳の草稿は、Hamann, J. G., *Sämtliche Werke*, Historisch-kritische Ausgabe von Josef Nadler, Bd. 3, Thomas-Morus-Presse, 1951, S. 245-274 で見ることができる。

（５）『対話』に対するカントの応答を論じた数少ない研究としては、Logan, B., Hume and Kant on *Knowing* the Deity, in: *International Journal for Philosophy of Religion*, 43, 1998, pp. 133–148 を挙げることができる。この研究では、Als-Ob の方法の導入が、カントが『対話』に対して応答する際の鍵となるという本章の議論と似た立場が示されている。ただし、カントの因果論と理念論を手がかりに、Als-Ob の方法の仕組み、およびこの方法が成り立つための前提をより詳細に提示したことが本章の議論の特色である。

（６）ベックはそうした主張の代表者である。彼によれば、ヒュームの因果論において、何らかの出来事を経験することは原因と結果の概念を得るための前提である。これに対し、この前提を満たすためにも、アプリオリな起源を持つ原因と結果のカテゴリーが不可欠であることを示している点で、「第二類推論」はヒュームに対する応答であると彼は主張する。Cf. Beck, L. W., *Essays on Kant and Hume*, Yale University Press, 1978, pp. 130–135. この議論は、「第二類推論」の解釈としては穏当なものである。ただ、この議論だけでは、ヒュームに対するカントの応答の一面しか明らかにできないというのが本書の立場である。

（７）このように、神と世界との関係と「自由の原因性」との間に同種性があることが、Als-Ob の方法の成立条件をなしている。にもかかわらず、注５で挙げたローガンの研究では、Als-Ob の方法の特色を説明する際に、「自由の原因性」について全く言及されていない。Cf. Logan, op. cit., pp. 138–141. そのため、この研究では、Als-Ob の方法の成立条件に関する説明が曖昧になってしまっている。

（８）カントは、この点を地球楕円体を例にして説明している。カントによれば、地球が楕円形であることは、地震によって大地が隆起した際に、地軸の傾きを防止するのに役立つ、という(Vgl. B 715 Anm.)。他方で、カントは、地球が楕円形である原因は、神の意図ではなく、かつて地球が流体であったという地球の本性に求めなくてはならないと主張している。同様の主張は、講義録『ペーリッツの哲学的宗教論』でも見られる(Vgl. XXVIII 1034f)。こうした Als-Ob の方法と「デザイン論証」の相違点は、「デザイン論証」に対するヒュームとカントの立場をより詳細に論じる際の大きな手がかりとなると思われる。

（９）『対話』の第一〇部では、人間の惨めさや愚かさといった世界における悪の存在を理由に、「デザイン論証」が神の道徳的属性を証明できないことが批判されている(Cf. D 95–104; 邦訳一〇六―一一二頁)。そして、この批判は、『対話』において、「デザイン論証」が道徳と宗教の基礎を確保できないという主張が行われる際の拠り所となっている。それゆえ、この問題を考察することは、ヒュームとカントの宗教哲学の相違点を明らかにするためにはきわめて重要だと思われる。ただ、そのためには、『実践理性批判』での最高善とその実現の可能性の条件としての神の要請に関する議論も視野にいれる必要があるので、本章では詳しく論じることができなかった。なお、こうした問題については、Kuehn, M., Kant's Critique of Hume's Theory of Faith, in: Stewart, M. A.; Wright, J. P. (ed.), *Hume and Hume's connexions*, Edinburgh University Press, 1994, pp. 248-250 で簡潔に論じられている。

結　語

本書の目的は、「世界の統一」の問題を軸にして、伝統的世界論とカントの世界論との間の連続性と断絶を示すことであった。そのために、本書では、「複合体」と「系列」という世界を考察するための二つの観点を区別し、議論の中心に据えた。それは以下の戦略に基づいていた。まず、この区別を導入したのは、「複合体」としての世界の成立条件を問う「世界の統一」の問題と「系列」としての世界全体の把握可能性の是非を問うアンチノミー論の問題を区別するためであった。その上で、カントが「複合体」としての世界を論じているテキストを分析することによって、①カントも「世界の統一」の問題を主題的に論じていたこと、②この問題に対して、カントが従来の哲学者とは異なる仕方で応答を試みていたこと、の二点を示そうとしたのである。

この戦略に依拠して、本書では、主にバウムガルテンとカントの世界論の比較検討を行った。その結果、伝統的世界論の支持者と同様、カントも前批判期から一貫して「系列」だけでなく、「複合体」という観点からも世界を考察していたことの証拠を示すことができた。

一つ目の証拠は、カントが世界を定義する際に用いていた「世界の質料」、「世界の形式」、「世界の全体性」という三分法である。この三分法は、一七七〇年の『就職論文』のみならず、一七七〇年代のレフレクシオーンと講義録、さらには一七八〇年以降の講義録にも見出される。第二章で見たように、前者二つは「複合体」としての世界を、最後の一つは「系列」としての世界を特徴付けるために用いられていた。以上のことによって、カントが「複合体」と「系列」という二つの観点から世界を考察する方法を保持していたことが裏付けられる。

二つ目の証拠は、カントが、上記の三分法以外にも「複合体」としての世界と「系列」としての世界を指し示すための用語を持っていたことである。まず、「系列」としての世界を指す用語としては、「世界の全体性」の他に、「諸条件の系列の全体性(Totalität der Reihe der Bedingungen)」が挙げられる。この用語は、アンチノミー論の重要用語の一つである。また、「複合体」としての世界を指し示すために、カントは「世界の質料」、「世界の形式」という用語の他に、「名詞的自然」、あるいは単に自然という用語を使用していた。したがって、直筆の資料において上記の三分法がほとんど使用されなかった一七八〇年以降も、カントは、世界を「系列」としてだけではなく、「複合体」としても考察していたと言えるのである。第三章では、バウムガルテンにおける「存在者の自然(natura entis)」と「全自然(natura universa)」の二分法のカントによる受容を考察することで、このことを明らかにした。

さらに、カントが「複合体」と「系列」という二つの観点を世界を捉えるための二つの異なる方法に関連づけていたことが明らかになった。第二章で確認したように、『就職論文』において、カントは、前者の観点に基づく世界考察の方法を知性概念に基づく方法、後者の観点に基づく世界考察の方法を感性的直観の条件に基づく方法と呼んでいた。前者の方法は世界を無数の相補的な諸部分から構成される一つの全体として解釈するにとどまるのに対し、後者の方法は世界の諸部分を完全列挙することを目指す。要するに、前者の方法は世界を「複合体」として論じるための方法であり、後者の方法は世界を「系列」として論じるための方法なのである。『就職論文』では、この二つの方法を混同しないことが世界を論じる際に重要だとされていた。そのために、『就職論文』において、カントは、世界を「複合体」として論じる方法を知性的認識の領分に属するものとして、世界を「系列」として論じる方法を感性的認識の領分に属するものとして位置づけたのである。

これら二つの方法は、『純粋理性批判』の「類推論」とアンチノミー論において継承されている。まず、「類推論」の方法は、『就職論文』の知性概念に基づく世界考察の方法を継承・発展させたものと見ることができる。『就職論文』の第四章「可想界の形式の原理について」では、知性概念に基づく世界考察の方法が論じられている。第五章で確認したように、この議論は「第三類推論」の実体間の相互作用に関する議論の先駆形態とみなすことができる。確かに、「第三類推論」と『就職論文』の議論の間には以下の二点で大きな断絶がある。まず、「第三類推論」における「現象的実体」は、『就職論文』における実体概念とは完全に別物である。それに加え、「第三類推論」において、実体間の相互関係の説明原理となるのは、神ではなく超越論的統覚である。それでも、複数の相補的部分がいかにして一つの全体をなすのかという「世界の統一」の問題を論じている点で、「第三類推論」も、『就職論文』の第四章と同様に、「複合体」としての世界を論じる議論と位置づけることができる。『就職論文』の用語で言うのであれば、感性界の全体性を知性概念に基づいて把握する手立てを示すことが、「第三類推論」の課題なのである。

他方、アンチノミー論も、『就職論文』における感性的直観の条件に基づく世界考察の方法を継承・発展させたものと見ることができる。『就職論文』では、この方法を用いて「系列」としての世界の全体性を捉えることは困難だとされていた。というのも、世界の持つ全体性と無限性という性格が両立不可能だからである。つまり、世界の全体性を捉えるためには、「系列」の完結が必要であるにもかかわらず、世界が無限であると言いうるためには、「系列」は完結してはならないのである。この問題こそが、『就職論文』とアンチノミー論の共通の出発点である。ただ、第二章で確認したように、理性の関心という概念に立脚して、人間が系列の背進によって世界を探求することの意義を問い直したことに、『就職論文』の議論とアンチノミー論の相違点がある。

以上のことを踏まえた場合、『純粋理性批判』において、これら二つの方法は、世界を把握するための二つの段階として位置づけることができる。「類推論」の方法で明らかになるのは、どの現象も相補的部分として一つの全体に属するという点だけである。これは、きわめて抽象的な世界の把握の仕方である。それゆえ、世界の全体性のより具体的なあり方を知るためには、アンチノミー論の方法が必要となる。というのも、この方法によって、世界における現象間の制約・被制約関係をより具体的に知ることができるからである。したがって、アンチノミー論と「類推論」は両方ともカントの世界論の中核をなす議論なのである。

さらに、本書の後半部では、「類推論」の哲学史的な位置づけを改めて検討することで、伝統的世界論とカントの世界論との間にどのような断絶があるかを明らかにした。その成果は以下の通りである。

第四章で示したように、「第二類推論」は、ヴォルフ学派の「充足根拠律」の証明を批判するための議論として読むことができる。また、第五章で示したように、「類推論」全体は、ヴォルフ学派のモナド論と予定調和説に対する応答として読むことができる。第一章で見たように、彼らの予定調和説は、現象‐実体の二分法を前提とした議論である。他方、「類推論」では、ヴォルフ学派のものとは異なるタイプの実体概念、つまり「現象的実体」が導入されている。この点を踏まえた場合、「類推論」は、現象‐実体の二分法を切り崩すことによって、ヴォルフ学派の予定調和説を批判するための議論と言える。こうした議論によって、カントが「世界の統一」という伝統的世界論の中心問題に対して、問いそのものは保存しつつも、実体の自存性という旧来の共通了解を切り崩すことで応答していることが示された。

それと同時に、第四章と第六章では、「第二類推論」をヒュームに対する応答とみなす従来の解釈に二つの問題点があることを示した。一つ目の問題は、ヒュームが、「類推論」の主題である「世界の統一」の問題を論じていなかったことである。それは、実体と因果的力の概念を否定することによって、彼がこの問題を論じるための前提を消去してしまったことの帰結である。もちろん、このことから、従来の解釈が直ちに否定されるわけではない。というのも、因果の概念の起源と客観的妥当性に関して、「第二類推論」は、ヒュームとは異なる見解を提示しているからである。とはいえ、ヒュームの哲学を、実体概念を前提とした「第一類推論」と「第三類推論」と関連づけることは困難である。それゆえ、従来の解釈を支持した場合、残る二つの類推論の哲学史的な位置づけを行えなくなってしまう危険がある。この点で、従来の解釈は、完全に間違っていないにしても、「類推論」の前提や目的を解明するためには効果的ではない。

二つ目の問題は、従来の解釈においてカントとヒュームの争点が十分に考慮されていないことである。カントが危険視したのは、ヒュームの因果論が経験の領域外の対象に対する因果の概念の使用を脅かしている点であった。それゆえ、「ヒュームに対するカントの応答」の内実を明らかにするためには、経験の領域内での因果の概念の役割を扱う「第二類推論」はそれほど有用ではない。むしろ、アンチノミー論や自由の問題といった経験不可能な対象にかかわる問題に着目した方が、ヒュームとカントの争点をより明確にできる。そこで、第六章では、世界全体と神という原理的に経験不可能な対象間の因果関係を論じる方法を確保するために、カントがヒュームの因果論を批判的に検討していたことを明らかにした。

以上のことから、カントが伝統的世界論と同一の諸問題を論じていたことを明らかにできた。しかも、彼はこれらの問題に対し伝統的世界論とは異なる回答を与える方法を模索したのである。そのために彼が伝統的形而上学の存在論に依拠した世界論に対置したのが、批判哲学に基づく新たな世界論であった。こうした結論を獲得したことによって、本書の当初の目的は達成された。もちろん、第六章で簡単に論じた世界論と目的論との関係を解明するためには、さらなる研究が必要だろう。とはいえ、本書によって、カントの世界論がアンチノミー論よりも広範で豊かな内容を持つ議論であること、そしてこの新たな世界論を根拠付けている点にも批判哲学の意義が見出されることは明らかになった。

文献表

一次文献

［原　典］

Hume, D., *A Treatise of Human Nature*, Norton, D. F.; Norton, M. J. (ed.), Oxford University Press, 2000.

———, *An Enquiry concerning Human Understanding*, Beauchamp, T. L. (ed.), Oxford University Press, 1999.

———, *Dialogues and Natural History of Religion*, Gaskin, J. C. A. (ed.), Oxford University Press, 1993.

Hamann, J. G., *Sämtliche Werke*, Historisch-kritische Ausgabe von Josef Nadler, Thomas-Morus-Presse, Bde. 1–6, 1949–1957.

Kant, I., Kants gesammelte Schriften, herausgegeben von der Königlich Preußischen Akademie der Wisschenschaften, de Gruyter, Bde. I–XXIX, Berlin, 1902–.

Kant, I., *Kritik der reinen Vernunft*, Timmermann, J. (hrsg.), Felix Meiner Verlag, 1998.

Leibniz, G. W., *Die philosophischen Schriften von Gottfried Wilhelm Leibniz*, herausgegeben von C. I. Gerhardt, Bde. 1–7, Weidmannsche Buchhandlung, 1875–1890.

Ludovici, C. G., *Ausführlicher Entwurf einer vollständigen Historie der Wolffischen Philosophie, zum Gebrauche seiner Zuhörer*, Leipzig, ^{3}1738, reprinted, Georg Olms, 1977.

Meier, G. F., *Beweis der vorherbestimmten Übereinstimmung*, Halle, 1743.

———, *Metaphysik*, Erster Theil, Halle, ^{2}1765, in: Christian Wolff, Gesammelte Werke, 3. Abt. Bd. 108. 1, Georg Olms, 2007.

———, *Metaphysik*, Zweyter Theil, Halle, ^{2}1765, in: Christian Wolff, Gesammelte Werke, 3. Abt. Bd. 108. 2, Georg Olms, 2007.

Wolff, C., *Ausführliche Nachricht von seinen eigenen Schrifften, die er in deutscher Sprache von den verschiedenen Theilen der*

Weltweisheit heraus gegeben, ^{2}1733, in: Christian Wolff, Gesammelte Werke, 1. Abt. Bd. 9, Georg Olms, 1973.

———, *Vernünfftige Gedancken von Gott, der Welt und der Seele des Menschen, auch allen Dingen überhaupt*, Halle, ^{11}1751, in: Christian Wolff, Gesammelte Werke, 1. Abt. Bde. 2. 1-2, Georg Olms, 2009.

［独訳と英訳］

Baumgarten, A. G., *Metaphysik*. Ins Deutsche Übersetzt von G. F. Meier, Nach dem Text der zweiten, von J. A. Eberhard besorgten Ausgabe 1783. Mit einer Einführung, einer Konkordanz und einer Bibliographie der Werke A. G. Baumgartens von D. Mirbach, Jena, 2004.

———, *Metaphysica / Metaphysik*, Historisch-kritische Ausgabe, übersetzt, eingeleitet und herausgegeben von Günter Gawlick und Lothar Kreimendahl, Frommann Holzboog, 2011.

———, *Metaphysics. A Critical Translation with Kant's Elucidations, Selected Notes, and Related Materials*, Fugate, C. D.; Hymers, J. (trans.), Bloomsbury, 2013.

［邦　訳］

I・カント『カント全集』、坂部恵／有福孝岳／牧野英二（編）、岩波書店、一九九九―二〇〇六年。

G・W・ライプニッツ『ライプニッツの国語論　ドイツ語改良への提言』、高田博行／渡辺学（編訳）、法政大学出版局、二〇〇六年。

D・ヒューム『自然宗教に関する対話』、福鎌忠恕／斎藤繁雄（訳）、法政大学出版局、一九七五年。

二次文献

［欧文文献］

Allison, H. E., *Custom and Reason in Hume. A Kantian Reading of the First Book of the Treatise*, Oxford University Press, 2008.

Banham, G., Kantian Cosmology: The Very Idea, *Kant studies online*, 2011, pp. 1-26.

Bayne, S. M., *Kant on Causation. On the Fivefold Routes to the Principle of Causation*, State University of New York Press, 2004.

Beck, L. W., *Essays on Kant and Hume*, Yale University Press, 1978.

Casula, M., Die Lehre von der prästabilierten Harmonie in ihrer Entwicklung von Leibniz bis A. G. Baumgarten, in: *Akten des II. Internationalen Leibniz-Kongresses, Hannover, 17-22. Juli, 1972*, Steiner Verlag, 1975, Bd. 3, S. 397-415.

Edwards, J., *Substance, Force, and the Possibility of Knowledge. On Kant's Philosophy of Material Nature*, University of California Press, 2000.

Ertl, W., Hume's Antinomy and Kant's Critical Turn, in: *British Journal for the History of Philosophy*, 10, 2002, pp. 617-640.

Guyer, P., *Kant and the Claims of Knowledge*, Cambridge University Press, 1987.

Hahmann, A., *Kritische Metaphysik der Substanz: Kant im Widerspruch zu Leibniz*, de Gruyter, 2009.

Hennig, B., Kants Modell kausaler Verhältnisse. Zu Watkins' *Kant and the Metaphysics of Causality*, in: *Kant-Studien*, 102, 2011, S. 367-384.

Kim, C. W., *Der Begriff der Welt bei Wolff, Baumgarten, Crusius und Kant. Eine Untersuchung zur Vorgeschichte von Kants Weltbegriff von 1770*, Peter Lang, 2004.

Kreimendahl, L., *Kant—Der Durchbruch von 1769*, J. Dinter, 1990.

Kuehn, M., Kant's Conception of "Hume's Problem," in: *Journal of the History of Philosophy*, 21, 1983, pp. 175-193.

———, Kant's Critique of Hume's Theory of Faith, in: Stewart, M. A.; Wright, J. P. (ed.), *Hume and Hume's connexions*, Edinburgh University Press, 1994, pp. 239-255.

Langton, R., *Kantian Humility. Our Ignorance of Things in Themselves*, Oxford University Press, 1998.

Logan, B., Hume and Kant on *Knowing* the Deity, in: *International Journal for Philosophy of Religion*, 43, 1998, pp. 133-148.

Longuenesse, Bêatrice, *Kant on the Human Standpoint*, Cambridge University Press, 2005.

Lovejoy, A. O., On Kant's Reply to Hume, in: *Archiv für Geschichte der Philosophie*, 19, 1906, pp. 380-407.

Löwisch, D-J., Kants Kritik der Reinen Vernunft und Humes Dialogues Concerning Natural Religion, in: *Kant-Studien*, 56, 1965, S. 170-207.

Malzkorn, W., *Kants Kosmologie-Kritik. Eine formale Analyse der Antinomienlehre*, de Gruyter, 1999.

Mirbach, D., Die Rezeption von Leibniz' Monadenlehre bei Alexander Gottlieb Baumgarten, in: Neumann, H. P. (hrsg.), *Der Monadenbegriff zwischen Spätrenaissance und Aufklärung*, de Gruyter, 2009, S. 271-300.

Paton, H. J., *Kant's Metaphysic of Experience*, Allen & Unwin, 1936.

Strawson, P. F., *The Bounds of Sense. An Essay on Kant's Critique of Pure Reason*, Methuen, 1966.

Watkins, E., Kant on Rational Cosmology, in: Watkins, E. (ed.), *Kant and the Sciences*, Oxford University Press, 2001, pp. 70-89.

———, *Kant and the Metaphysics of Causality*, Cambridge University Press, 2005.

Wohlers, C., *Kants Theorie der Einheit der Welt. Eine Studie zum Verhältnis von Anschauungsformen, Kausalität und Teleologie bei Kant*, Königshausen & Neumann, 2000.

Wundt, M., *Die deutsche Schulphilosophie im Zeitalter der Aufklärung*, Mohr, 1945, reprinted, Georg Olms, 1964.

〔邦語文献〕

石川文康『カント　第三の思考――法廷モデルと無限判断――』、名古屋大学出版会、一九九六年。

犬竹正幸『カントの批判哲学と自然科学――『自然科学の形而上学的原理』の研究――』、創文社、二〇一一年。

高田博行「ライプニッツによるドイツ語改良のシナリオ――思想史と言語史の交点――」（酒井潔／佐々木能章／長綱啓典（編）『ライプニッツ読本』、法政大学出版局、二〇一二年、一四五―一五五頁）。

高田純『カント実践哲学とイギリス道徳哲学――カント・ヒューム・スミス――』、梓出版社、二〇一二年。

戸田潤也「カントにおける実体の相互作用」、『人間存在論』一五号、京都大学大学院人間・環境学研究科総合人間学部「人間存在論」刊行会、二〇〇九年、六五―七五頁。

中島義道『純粋理性批判を嚙み砕く』、講談社、二〇一〇年。

檜垣良成『カント理論哲学形成の研究――「実在性」概念を中心として――』、溪水社、一九九八年。

廣松渉、他（編）『岩波　哲学・思想事典』、岩波書店、一九九八年。

増山浩人「第二類推論と充足根拠律」、『日本カント研究11　カントと幸福論』、理想社、二〇一〇年、一二三―一三八頁。

――「デザイン論証とAls-Obの方法――ヒュームの『自然宗教に関する対話』に対するカントの応答――」、『哲学』、六四号、知泉書館、二〇一三年、一九一―二〇五頁。

――「カント批判哲学の前史――一八世紀ドイツにおけるライプニッツ受容とヒューム受容――」、『研究論集』(北海道大学大学院文学研究科編)、一三号、四三―六一頁、二〇一三年。

宮島光志「カントのエゴイズム批判――哲学者が教壇でこだわりつづけたこと――」(牧野英二編『情況 第三期 5(12) 特集 カント没後二〇〇年』、情況出版、二〇〇四年、一五〇―一六一頁)。

山本道雄『改訂増補版 カントとその時代――ドイツ啓蒙思想の一潮流――』、晃洋書房、二〇一〇年。

あとがき

本書の原型は平成二五年一一月に提出した学位論文『カントの世界論——「複合体」と「系列」という二つの観点から』である。審査の労をとってくださった新田孝彦教授、藏田伸雄教授、山田貞三教授にこの場を借りてお礼申し上げたい。本書の大部分は、学位論文を作成するに際して書き下ろしたものである。ただし、序論、第一章、第五章、結語は、出版するにあたって若干の加筆修正を行った。また、第四章と第六章は、以下の既発表論文を加筆修正したものである。

第四章：「第二類推論と充足根拠律」、日本カント協会（編）『日本カント研究11　カントと幸福論』、理想社、二〇一〇年、一二三—一三八頁。
第六章：「デザイン論証とAls-Obの方法——ヒュームの『自然宗教に関する対話』に対するカントの応答——」、日本哲学会（編）『哲学』、六四号、知泉書館、二〇一三年、一九一—二〇五頁。

本書はカント哲学の形成史的な研究である。しかし、筆者がこの研究手法を取ったのはごく最近のことである。当初筆者が行っていたのは、『純粋理性批判』の「演繹論」を中心としたカントの空間・時間論の内在的研究であった。確かに、「演繹論」はカント理論哲学の中心テキストであり、膨大な研究蓄積がある。それでも、研究史上見落とされている論点があると信じて「演繹論」に取り組み続けた。しかし、その試みは空振りに終わった。カール、ロングネス、ワックスマン、バウマンス、クラインなどの最新の研究書を読み漁っても、そもそも「演繹論」が何のために書かれたテキストか納得のいく説明を見つけることができなかった。かといって、「演繹論」の内在的読解を通じてこの点を自分で発見することはいっそう困難であった。博士課程一年の頃には、研究は完全に行き詰まり、「演繹論」を読み続けることはもはや苦痛にさえなっていた。

こうした閉塞状況を打開するきっかけとなったのが、ヴォルフの『ドイツ語形而上学』との出会いであった。カントの論敵に精通することによって、カントの議論の狙いや意義が理解できると思ったのである。図書館で『ドイツ語形而上学』を熟読する日々が続いた。さらに、ヴォルフ哲学とカントとの接点を見つけるために、バウムガルテンとエーベルハルトの著作にも取り組んだ。その結果、筆者は研究テーマを狭義の「演繹論」研究から因果論と世界論を軸としたヴォルフ学派とカントとの比較研究へと変更することとなった。

本書とその原型となった学位論文は、研究テーマ変更後の筆者の研究成果をまとめたものである。もちろん、本書は多くの課題を残している。それでも、カントの因果論と世界論の形成史をバウムガルテンとヒュームの両面からも考察するという筆者の当初の課題は、ある程度達成できたと思う。

最後に、本書が成立するまでにお世話になった方々にお礼の言葉を述べておきたい。

まず、大学院時代の指導教官であった新田孝彦先生にお礼申し上げたい。新田先生からは研究史を踏まえて自説を展開することの重要性を教えていただいた。特に印象に残っているのは、修士論文なら五〇本、博士論文なら二〇〇本の先行研究を読みなさい、という先生のご助言である。大学院に進学した当初、カントの一次テキストの読解に大部分の時間を注いでいた筆者にとって、新田先生のこのご助言は衝撃的であった。しかし、カント研究のような膨大な先行研究の蓄積がある分野では、他の研究者の説を一通り知らなければ、自説がオリジナルかどうかを判定することは難しい。ひどい場合には、はるか昔に主張された説をさも新説であるかのように吹聴するという事態にも陥りかねないのである。その点で、当時の新田先生のご助言は的確だったと思う。

それ以外にも、九年間にも及ぶ『純粋理性批判』演習で、九〇〇頁近いこの書の約半分を先生と共に読むことができたことや、論文指導の際に、日本語の書き方から始まって査読コメントに対する応答の仕方に至るまで懇切に指導していただいたことは、今でも筆者の研究活動の基礎となっている。研究者としてのあり方を身をもって示してくださった先生に心から感謝したい。

また、学部時代の指導教官であった学習院大学の酒井潔先生にもこの場を借りてお礼申し上げたい。先生には、筆者が学部三年の時に、『純粋理性批判』の「感性論」を個人指導で一緒に読んでいただいた。その後、先生のご指導の下で「カントの空間論」というタイトルの卒業論文を執筆したことが筆者のカント研究の出発点となっている。また、北海道大学大学院へ進学してからも、何かと気にかけていただいた。特に、カント研究者である筆者に日本ライプニッツ協会への入会を薦めてくださったことやライプニッツ著作集の翻訳に参加させてくださったことには深く感謝している。

さらに、北大大学院在学中には、藏田伸雄先生、千葉惠先生、故花井一典先生に特にお世話になった。藏田先生には、修士課程の頃から、折に触れて、研究や進路に関してたびたびご相談にのっていただいた。千葉先生には、世界レベルの研究者になるために必要な心構えを教えていただいた。また、本書第六章の原型となった論文を作成した際には、千葉先生から有益なコメントをいただいた。両先生にはこの場を借りて感謝したい。花井先生は、中世哲学と古典語の面白さを教えてくださったのみならず、筆者に多くの励ましの言葉をかけてくださった。筆者が研究に行き詰まっていた時に、「いい研究の仕込みには時間がかかる」と先生に励ましていただいたことは今でも忘れることができない。それに加え、お亡くなりになった際には、先生の蔵書の一部を形見として頂戴した。本書で使用した参考文献の中にも先生からいただいた蔵書が含まれている。この場を借りてお礼を申し上げるとともに、ご冥福をお祈りしたい。

その他にも、上智大学の大橋容一郎先生と慶応義塾大学の Wolfgang Ertl 先生には大変お世話になった。大橋先生には日本学術振興会特別研究員（ＰＤ）の受入研究者になっていただいたのみならず、本書を北海道大学学術成果刊行助成に申請する際には推薦状を作成していただいた。Ertl 先生は、筆者の研究に理解を示した上で、ベルリンへの留学を薦めてくださった。両先生にもこの場を借りて感謝したい。

また、本書が成立するまでには、多くの研究者仲間にお世話になってきた。特に、後輩には恵まれたと思う。しかしここでは、修士課程在学時より筆者を研究面・精神面の両面にわたってサポートし続けてくださった市毛幹彦氏とスアレスやカントのラテン語テキストを一緒に読んでくださった古舘恵介氏、本書の校正、索引作成を手伝ってくださった上智大学の庄子綾氏、須賀佳苗氏、津田栞里氏の名を挙げるにとどめておきたい。皆様にはこの場を借りて感謝したい。

最後に、筆者が今日まで研究生活を続けることができたのは、幼少の頃から現在に至るまで惜しみなく経済的・精神的支援を続けてくださった両親と母方の祖父母のおかげである。この場を借りて心より感謝するとともに、学位論文提出直前に亡くなった祖父・瀬古政一氏のご冥福をお祈りしたい。

（付記）　本書は平成二七年度国立大学法人北海道大学「学術成果刊行助成」による刊行物である。同時に本書は、平成二七年～二九年度科学研究費補助金（特別研究員奨励費、課題番号 15J05615）による研究成果の一部である。

二〇一五年九月　ベルリン、クロイツベルクの仮住まいにて

増山浩人

増山　浩人（ますやま　ひろと）

1983 年　東京都福生市に生まれる
2002 年　啓明学園高等学校卒業
2006 年　学習院大学文学部哲学科卒業
2014 年　北海道大学大学院文学研究科博士後期課程修了　博士（文学）
現　在　日本学術振興会特別研究員 PD（上智大学）
日本カント協会 第 6 回濱田賞（2011 年）
論文等　「第二類推論と充足根拠律」（『カントと幸福論（日本カント研究 11）』理想社，2010 年，123-138 頁），「デザイン論証と Als-Ob の方法――ヒュームの『自然宗教に関する対話』に対するカントの応答」（日本哲学会『哲学』第 64 号，191-205 頁，2013 年），酒井潔，佐々木能章（監修）『ライプニッツ著作集 第II部 第 1 巻 哲学書簡』（工作舎，2015 年，共訳者として参加）など

カントの世界論
――バウムガルテンとヒュームに対する応答

2015 年 11 月 13 日　第 1 刷発行

著　者　　増　山　浩　人
発行者　　櫻　井　義　秀

発行所　北海道大学出版会
札幌市北区北 9 条西 8 丁目 北海道大学構内（〒 060-0809）
Tel. 011（747）2308・Fax. 011（736）8605・http://www.hup.gr.jp

アイワード／石田製本

ISBN978-4-8329-6816-5

事項索引

た　行

な　行

は　行

ま　行

や　行

ら　行

人名索引

W

ワトキンス　Watkins, E.　4, 12, 17, 18, 149, 183, 184
Wohlers, C.　20
ヴォルフ　Wolff, C.　3, 6, 18, 19, 24, 25, 39, 67, 70, 146, 147, 163
ヴント　Wundt, M.　3, 16

Y

山本道雄　4, 11, 12, 17, 19, 20, 146, 148, 184, 206

著作名索引

バウムガルテン『形而上学』引用箇所索引

存在論(§. 4-350)

世界論(§. 351-500)

心理学（§. 501-799）

自然神学（§. 800-1000）